反

2030
반대한민국세력의
비밀이 ×드러나다

대한민국은
지금
체제전쟁 중이다

———

이 책은 2030 반대한민국세력의
본색을 명료하게 밝혀내고, 체제전쟁에서 대한민국세력이
반대한민국세력을 상대로
어떻게 투쟁해야 하는지를 제시하고 있다.

2030

반대한민국 세력의
비밀이 ×드러나다

이희천 지음

대추나무

"작은 나비의 날개짓이 대한민국에 태풍을 몰고 올 것이다."

이 책은 "반대한민국세력의 비밀이 드러나다"(476쪽) 중에서 2030세대가 쉽게 소화할 수 있도록 역사 부분을 빼고 현재 실태를 중심으로 재구성한 것이다.(280쪽)

대한민국은 지금 체제전쟁 중이다. 한 팀은 자유민주주의를 허물고 사회주의체제로 끌고 가려는 팀이고, 또 다른 한 팀은 대한민국의 자유민주주의체제를 수호하려는 팀이다. 현재 대한민국 앞에 나타나고 있는 정치, 경제, 사회 위기의 공통분모를 추출하면 70년간 유지되던 자유민주주의체제가 허물어지는 국가적 위기다. 삼권분립, 법치주의 등 대한민국의 근간에서부터 읍면동 마을에 이르기까지 급격하게 허물어지는 현상이 벌어지고 있다. 지금 대한민국이 직면하는 체제위기는 갑자기 등장한 것이 아니다. 길게는 100년이 되었고 짧게는 30년 전부터 본격화된 것이다.

대한민국 앞에 닥친 국가적 위기를 벗어나려면 국민들의 다수가 체제위기라는 사실을 명확히 깨닫고 반체제세력이 누군지, 어떤 전략전술로 나오는지 등을 명확히 알아야 한다. 그러나 많은 국민들은 현재 대한민국이 직면한 위기가 체제위기인 줄도 모르고, 체제위기를 가져온 주체가 누군인지, 그들이 어떤 전략전술을 사용하고 있는지도 잘 모른다. 그러니 자유민주주의를 수호하기 위해 어떻게 대응해야 하는지는 더더욱 알지 못한다. 서로 다른 네비게이션을 가지고 있어, 분열과 갈등만 일어날 뿐이다.

이에 따라, 저자는 "혼란스러운 대한민국의 사상갈등 전체를 밝히 조망할 수 있는 망원경을 제공하자"는 야심을 가지고 책을 썼다. 미흡한 부분도 있겠지만 이 책 한 권이면 국내 반대한민국세력의 실체와 체제전쟁 양상은 물론 그 배후가 되는 북한과 중국, 그리고 세계 공산화의 과정과 네오막시즘 등 변종공산주의 확산까지 세계 사상계를 세계지도를 보듯, 한눈에 통찰할 수 있을 것으로 믿는다. 많은 대한민국세력이 이 교범을 통해 동일한 네비게이션을 장착한다면 모래알이 콘크리트로, 오합지졸의 군대가 일사불란한 전투병으로 바뀔 것으로 믿는다.

이 책을 집필할 때 많은 분들이 도움을 주셨다. 건강이 좋지 않음에도 불구하고 원고를 꼼꼼히 읽고 기준점을 정해주신 양동안 교수님께 먼저 감사드린다. 1980년대 전후 학생운동권에 깊은 이해가 있는 고형석 박사님과 586 좌익운동권의 사상적 실체를 간파하고 있는 장신대 김철홍 교수님은 부족한 부분을 잘 지적해주셔서 보완하는 데 큰 도움이 되었다. 계명대 중국학과 이지용 교수님은 중국변종공산주의 부분을, 박대규 님 등은 북한의 대남공작과 좌익수사사건 부분 등을 검토해주시고 좋은 조언을 해주셨다. 그리고 바쁘신 와중에도 법적 검토를 해주신 김학성 교수님, 박성재 변호사님, 이명규 변호사님 등에게도 감사를 드린다. 항상 옆에서 응원해주시는 정성희 목사님, 그리고 일일이 배려해 준 아내에게도 감사한 마음을 전한다.

2021. 12. 20

저자 **이희천**

"이 책을 매개로 해서 하나의 군대가 되고, 승리하는 군대가 될 것으로 믿는다."

지금 우리나라에서는 대한민국의 자유민주주의체제를 수호하려는 대한민국세력(大韓民國勢力)과 대한민국의 자유민주주의체제를 허물려는 반대한민국세력(反大韓民國勢力) 간의 투쟁이 날로 심각해지고 있다. 이 체제전쟁에서 반대한민국세력이 소위 '촛불혁명' 이후 대한민국세력에 대해 우세를 확보한 형국이며, 그로 인해 대한민국의 자유민주주의체제가 위기에 봉착했다.

그럼에도 불구하고, 일반 국민은 물론이고 식자층이나 정치인들조차도 국가의 운명을 좌우하는 이 중대한 사태를 제대로 인지하지 못하고 있다. 그 주된 이유는 반대한민국세력이 위장전술을 구사하여 자기들의 본색을 감추고 있고, 그러한 반대한민국세력의 위장전술을 격파하지 못하고 있는 데 있다. 이희천 교수의 신저 "반대한민국세력의 비밀이 드러나다"는 대한민국 세력 대 반대한민국세력 간의 체제전쟁에서 대한민국세력의 열세를 만회하는데 크게 기여할 수 있는 중요한 도서이다.

이 책은 반대한민국세력의 본색을 명료하게 밝혀내고, 체제전쟁에서 대한민국세력이 반대한민국세력을 상대로 어떻게 투쟁해야 하는지를 제시하고 있다. 이제까지 애국의병들은 애국심에서 투쟁에 나서기는 했지만, '적이 누구인지, 그들이 어디에 있는지, 무슨 작전으로 나오는지' 제대로 알지 못한 채 주먹구구식으로 대응하는 경향이 있었다. 이 책을 숙독하면 그러한 경향이 많이 교정될 것으로 판단된다. 이 책은 대한민국세력이 전투를 효과적으로 전개할 수 있도록 도와주는 나침반이자 네비게이션이라고 말할 수 있다. 사회 여러 분야에서 투쟁하고 있는 애국의병들은 이 책을 매개로 해서 하나의 군대가 되고, 승리하는 군대가 될 것으로 믿는다.

양동안(한국학중앙연구원 명예교수)

"어떻게 대한민국세력을 확산시키며 반대한민국세력을 축소시킬 것인가?"

해방 후 남북분단 속에 출범한 대한민국은 하나님의 섭리로 73년이란 짧은 시간에 반공과 산업화와 민주화를 이룸으로 선진화의 문턱에 이르렀다. 그런데 팬데믹을 거치면서 세계인들에게 문화강국, 디지털강국, 경제강국으로 강력한 이미지를 남긴 대한민국의 앞길을 막고 방해하는 정치사상적 세력들이 있다. 하나는 밖에 있는 혁명적 공산주의로서 북한 공산주의와 중국 공산주의이다. 다른 하나는 안에서 민주화를 빙자한 공산주의로서 주사파, 민중민주주의, 동성애젠더주의이다. 우리는 일치단결하여 선진화를 이루고 자유민주통일을 달성하는 것을 막으려는 안과 밖의 공산주의 세력과 싸워 이겨야 한다.

이러한 시대적 위기 앞에 이희천 교수가 대한민국의 정치사상적 지도를 보수와 진보가 아닌 대한민국세력과 반대한민국세력으로 명쾌하게 구분한 책을 출간한 것에 대해 진심으로 축하한다. 이 책은 무엇보다 대한민국세력의 판도만이 아니라 반대한민국세력의 계보도 소상하게 밝힘으로써 '어떻게 대한민국세력을 확산시키며 반대한민국세력을 축소시킬 것인가?'에 대한 문제의식까지 불러일으키고 있다. 또한, 반대한민국세력의 뿌리로서 북한 공산주의는 물론 막시즘에 토대를 둔 소련공산주의와 중국공산주의, 막시즘을 극복하기 위해 생겨난 네오막시즘까지 시원하게 파헤침으로서 시대적 흐름을 파악하는 데 큰 도움을 준다. 마지막으로 자유민주공화국으로서 대한민국을 어떻게 지켜나갈 것인가에 대한 여러 가지 대안들을 제시하고 있다. 아무쪼록 이 책이 반대한민국세력과 싸우는 대한민국세력의 지도자들과 국민들에게 좋은 정치사상적 지침서가 되었으면 한다.

고형석(코리아 교회 목사)

"문제를 제대로 인식하고 올바른 관점을 회복하는 자유 세계의 시민들이 만들어지기를 소망한다."

이희천 교수는 오랜 기간 동안 사회주의의 이론과 역사를 연구해 온 전문 연구자다. 그는 자신의 지식을 기반으로 하여 지금 한국 사회가 왜 사회주의 이념에 친화적인 사회가 되었는지 세계 역사와 대한민국의 역사를 사회주의 이론의 관점에서 분석하고 있다.

이 책은 자유 대한민국을 지키려고 하는 사람들이 반드시 읽어봐야 할 책이다. 왜냐하면, 이 책에서 그는 우리가 납득할 수 있는 원인 분석과 진단을 하고 있기 때문이다.

이 책을 통해 우리가 현재 안고 있는 문제를 제대로 인식하고 올바른 관점을 회복하는 자유 세계의 시민들이 많이 만들어지기를 소망한다.

김철홍(장로회신학대학교 교수)

차례 __ Contents

02 제2부 대세(대한민국세력)-반대세(반대한민국세력) 간 전쟁터 대한민국

03 제3부 반대세의 실체 탐색하기

04 제4부 대한민국 바로세우기 전략

2030 文大勢

제1부

촛불시위
통해
대한민국
통찰하기

1부를 시작하며

촛불. 바람이 불면 곧 꺼질 듯 연약하면서도 어둠을 밝히는 작은 불빛이다. 그래서 평화를 상징하며 저항을 의미하기도 한다. 이 촛불은 대한민국 현대사에서 지워지지 않는 정치적 의미를 담고 있다. 촛불시위 때문이다. 국민 한쪽에서는 촛불이 저항이자 승리의 상징으로, 또 다른 한쪽에서는 좌절과 고통의 상징으로 각인되어 있다. 대한민국 국민들의 마음을 이보다 더 정확히 둘로 나누었던 물건이 또 있을까?

촛불시위를 제대로 이해하지 않고서는 대한민국 현대사를 제대로 이해할 수 없다. 촛불을 들고 거리로 나섰던 국민, 촛불에 데여 트라우마를 느끼는 국민. 앞으로 두 국민들이 서로 나뉘어 서로 싸우고 갈등한다면 대한민국 미래는 얼마나 암울할까?

우리는 촛불 현대사를 이성의 눈으로 열린 마음으로 냉정하게 그 실체를 통찰해보자.

2002년 의정부여중생 촛불의 실체

2002년 11월 말에서 12월 말까지 반미촛불시위가 광화문광장을 뜨겁게 달구었다. 우리나라 정치사에서 처음으로 등장한 촛불시위였다. 중학생은 물론 퇴근하는 직장인들까지도 양손에 촛불을 들고 시위에 나섰다. 실천연대의 노래패 "우리나라"는 "탱크라도 구속해"라는 노래를 부르며 시위에 참여한 중학생, 대학생 등 시위대를 흥분시켰다.

이 사건의 발단은 이렇다. 2002년 6.13 심미선, 신효순 두 의정부 여중생이 친구의 생일파티에 가다가 좁은 도로 위에서 미군 장갑차에 치여 죽은 사고가 발생했다. 도로는 꼬불꼬불한 데다 왕복 2차선으로 매우 좁았다. 폭이 넓은 장갑차(3m 40cm)는 건너편 차선에서 오는 차를 피하기 위해 길가로 붙어가다가 두 여중생을 발견하지 못하고 교통사고를 낸 것이었다. 장갑차는 전투용이기 때문에 앞문에 통유리가 되어 있는 자동차와 달리 운전석에서 좌우를 다 볼 수 없었다. 현장검증 결과, 운전병 자리에서는 두 여중생이 보이지 않았다. 단순한 교통사고였다. 그러나 '미군 장갑차가 일부러 어린 여중생들을 깔아 죽였다. 처음에 안 죽으니까 후진하여 터트려 죽였다' 는 등 국민감정을 자극하는 표현들이 등장했다.

이 사건이 일어난 것은 한창 한일월드컵(5.31-6.30) 열기가 뜨거웠던 6월이었다. 그런데, 그해 11월 의정부 미군 법정에서 장갑차 운전병에게 무죄 평결이 내려지자 반미시위가 폭발했다. '어떻게 사람을 죽인 장갑차 운전병을 무죄로 판결할 수 있느냐?' 는 것이었다.

이 사건을 주도한 단체는 민노총, 전교조 등 500여개 좌익·좌경단체들이 참여한 "여중생범대위"였다. 광화문광장이 반미촛불시위로 뒤덮었던 12월은 바로 대통령선거(12.19)가 있었다. 촛불시위는 노무현 대통령 당선에 영향을 미쳤다는 것이 정설이다.

주동세력은 효순·미선 추모 촛불시위를 매년 지속적으로 열어 반미의식을 고양하는 소재로 오래도록 활용했다. 미선 양의 아버지 심수보 씨조차도 10년 뒤인 2012년 6.4 조선일보와의 인터뷰에서 "단순한 교통사고다. (미군들이) 애들이 미워서 낸 사고가 아니지 않느냐.", "얼굴도 모르지만 그 미군들도 이젠 마음의 짐을 덜고 편하게 살았으면 한다"라고 말했다. 그러면서 '제발 효순, 미선을 정치적 목적에 이용하지 말아주기를 바라고, 추모행사에 다른 분들은 그만 오셨으면 한다' 고 말했다.

2008년 광우병 촛불의 실체

2008년 5월 2일에서 8월 초까지 약 3개월간은 촛불시위로 광화문광장을 뜨겁게 달구었다. 이명박 대통령이 취임(2.25)한 직후인 4월 중순 미국을 방문해서 미국 쇠고기를 수입하는 문제를 협상하고 왔는데, 이에 반대하는 촛불시위였다. 광화문광장에서만 많을 때는 60-70만명이나 모였다.[1] 중·고등학생들은 물론 판단력이 미성숙한 어린 초등학생들도 촛불을 들고 나섰다. 촛불시위는 시간이 흐를수록 과격한 시위로 변하여 시위대가 청와대를 진격하려 하고, 경찰이 이를 저지하면서 서로 많이 다쳤다.

당시 시위의 프레임은 "미국소=광우병=미친소"였다. 미국 쇠고기를 먹으면 광우병에 걸린다는 악소문이었다. 촛불시위가 확산되면서 괴담의 정도도 더욱 심해졌다. "소를 이용해 만드는 라면·캡슐약·과자 등 식품은 물론 화장품·생리대·기저귀 등 600가지 제품을 사용해도 광우병에 전염된다" 그러자, 학생 전용 카페들에서도 '미국소는 곧 미친소'이며 '미국쇠고기를 먹으면 광우병으로 죽는다' 는 공포가 가득했다. 어린 학

---

1) 2008년 미쇠고기 수입반대 촛불시위는 4.29 방영된 MBC-PD수첩 "미국산 쇠고기 과연 광우병에서 안전한가" 프로가 결정적 역할을 하였다. 현대사상연구회, 『반대세의 비밀, 그 일그러진 초상』(인영사, 2009), pp16-49.

생들이 "광우병 때문에 죽는 게 억울해요. 아직 나이도 어리고 꿈도 못 이루고, 이제 막 공부 시작할 나이인데", "광우병 걸리면 100% 죽는다는데, 난 아직 살길이 많이 남았어요", "나는 죽기 싫어요. 아직 인생의 1/5도 못 살았어요"라는 등 불안 심리가 만연하였다.

'광우병 촛불시위' 촉발요인은 MBC-PD수첩이었다. 이명박 대통령은 미국에서 미 쇠고기 수입재개 협상을 타결한 것은 4월 18일이었다. 직후인 4월 29일, MBC-PD수첩이 "미국산 쇠고기 과연 광우병에서 안전한가?"라는 제목의 방송을 한 것이 문제였다. 그 프로에서는 넘어져서 못 일어나는 소를 자료화면으로 거듭 보여주면서 미국 소의 광우병 가능성을 방송하였다. 국민은 자료화면에 거듭 보여주는 '그 넘어져 버둥거리는 소'가 광우병 걸린 소로 생각하고 그런 소를 무작정 수입하려 한 이명박 정부에 대해 분노한 것이다. 그런데 MBC-PD수첩 프로에서 자료화면으로 썼던 '그 넘어진 소'는 광우병 걸린 소가 아니라 동물 학대로 관절을 다친 소였다. 검찰이 해당 프로를 만든 김OO 작가를 압수수색을 했는데, 그의 이메일에서 "출범 100일 된 이명박 정부의 정치적 생명줄을 끊어놓으려 했다."는 글이 나왔다.

광화문 등 시위현장에 가니까 누군가 양초와 컵도 주고 불까지 붙여주었다. 게다가 "너나 처먹어", "MB OUT", "뇌송송 구멍탁" 등 온갖 자극적 문구가 적힌 빨간색 코팅 시위용품을 나누어주었다. 시위장에는 밧줄이며 쇠파이프, 현수막, 깃발 등 모든 일체의 시위용품이 구비되어 있었다. 게다가 곳곳에 무대를 만들어 노래를 부르고 선동구호를 외치며 시위를 이끌었다.

이 시위를 주도한 단체는 광우병대책회의였다. 이들은 시위물품 제작·배포 및 구체적 행동지침까지 하달했다. 촛불시위를 주도한 사람들은 투쟁에 철저히 준비된 사람들이었고, 현수막, 시위용품 등을 철저히 준비했고, 많은 돈까지 준비했다.

촛불시위가 있을 때면 북한의 방송이나 인터넷 등을 통해, 그리고 이들을 추종하는 이상한 단체들을 통해 온갖 유언비어가 엄청나게 쏟아졌다. 주 내용은 광장 촛불시위를 부추기는 내용이고 반미감정을 자극하고 촛불투쟁의 열기를 자극하는 내용이었다. 심지어 구체적인 투쟁지침까지 연이어 하달했다.[2]

2016년 박근혜 퇴진 촛불의 실체

2016년 말 촛불시위의 주제는 박근혜 대통령 퇴진이었다. 2016년 10.24 JTBC가 최서원(아명 최순실) 씨 소유의 '태블릿

---

2) 국가정상화추진위원회, 『촛불로 위장한 안보위해세력』(국가정상회추진위원회, 2009), pp5-7.

PC'에서 나온 자료라며, '최순실 씨가 박근혜 대통령의 연설문을 사전에 수정 검토했다'라고 주장했다. 이 보도가 나가자 '박근혜는 최순실의 아바타였다'는 등 온갖 유언비어들이 인터넷을 도배했다. 나중에 밝혀진 바이지만 보도에서 제시한 '태블릿PC'는 최순실씨 것이 아니었고, 그녀는 '태블릿PC'를 다룰 줄도 몰랐다.

JTBC 보도(10.24)가 나간 후 10월 29일(토)에 첫 대규모 촛불시위가 일어났다. 이후 매주 토요일마다 광화문광장은 그야말로 촛불광풍이라 할 만큼 촛불시위대가 넘쳐났다. 촛불시위대는 처음에는 초법적이고 혁명적 방법으로 대통령을 끌어내리려고도 했다. 일례로 박원순 서울시장은 11월 3일(목) 박근혜 대통령을 하야시킨 후 정부를 해체하고 비상시국회의라는 초헌법적 기구를 구성하여 새로운 체제의 국가를 만들자고 제안하기도 했다. 11월 5일(토) 2차 촛불시위 때 시위대들이 '혁명정권 세우자'는 등 혁명정권 수립 현수막을 내걸기도 했다. 실제로 2차 촛불시위 때 야밤에 시위대가 청와대를 지키는 경찰방어선을 둘러쌓으며, 경찰의 약한 고리를 뚫고 청와대 담을 넘을지 모른다는 주장까지 흘러나왔다. 혁명전야 같은 느낌마저 들었다. 만약 시위대가 경찰방어막을 뚫고 청와대를 점령했다면 혁명정권이 세워지는 것이다.

대통령 퇴진은 결국 혁명이 아니라 탄핵의 방법으로 선회했다. 태극기집회가 본격 등장하고 저지운동이 일어났기 때문이다. 12.9 국회에서 대통령 탄핵소추가 통과되었고, 2017년 3.10 헌법재판소에서 8:0 재판관 전원 찬성으로 대통령이 파면당했다. 형식적으로 보면 대통령의 탄핵이 헌법에 정한 절차에 따라 합법적으로 이루어진 것처럼 보이지만 사실상은 불법적 측면이 많았다.

첫째, 국회에서 탄핵을 소추할 때나 헌법재판소에서 탄핵 심판을 할 때도 박 대통령의 죄의 유무에 대한 법원의 확정판결을 받기도 전에 선동적인 언론의 주장들을 근거로 한 것이다.

둘째, 광화문광장에 집결한 수십만 군중들이 "박근혜 퇴진하라", "박근혜 탄핵하라"고 외치는 함성소리가 탄핵소추하는 국회의원들이나 헌법재판관들에게 큰 위협이 되었다는 점이다. 촛불시위대는 탄핵소추를 할 때는 국회를 에워쌌고, 탄핵심판을 할 때는 헌법재판소를 에워싸며 압박을 가했다. 문재인 전 더불어민주당 대표도 2016년 12.16 한 방송에서 "헌재가 탄핵을 기각하면 혁명밖에 없다"라고 했다. 이러한 심리적 압박이 국회의원들이나 헌법재판관들에게 강하게 작용했다고 한다.

셋째, 촛불시위대는 평화로운 시위라고 선전했지만 광화문광장의 시위장 내부에서는 자유민주주의의 모습을 찾을 수 없었다. 서옥식 박사(연합통신 편집국장 출신)는 "대한언론" 2017년 2월호 기사("촛불시위 주도 핵심세력의 정체는 무엇인가")에서 당시 장면을 이렇게 표현했다.

"대통령의 목을 쳐야 한다며 등장시킨 기요틴(단두대)과 대통령의 시신을 메고 가는 상여 행렬, 목이 잘려 공중에 높이 들려있는 대통령의 피 흘리는 얼굴 모형, 대통령에게 사약을 들이붓는 퍼포먼스, 어린애들이 발로 차고 굴리는 대통령의 얼굴 모형이 담긴 대형 축구공, 수의를 입혀 포승줄로 묶어 끌고 가는 대통령과 기업인들의 형상, 그리고 이들을 무덤에 파묻는 의식... 혁명을 구실로 중국의 문화혁명이나 캄보디아의 크메르루즈정권의 킬링필드 광기(狂氣)를 방불케 하는 인간에 대한 잔혹한 범죄 예행연습이 대한민국 수도 한복판에서 이루어지고 있다"

넷째, 촛불시위대들은 주권자인 국민이 "대통령 퇴진하라"고 하면 퇴진하는 것이 민주주의라고 했다. '광장민주주의', '직접민주주의' 라는 것이다. 광장에 모인 국민의 극히 일부가 '대통령직에서 내려와라' 하면 내려오는 것이 민주주의는 아니다. 법치주의와 자유민주주의를 훼손하는 것이다. 사상연구의 원로 양동안 전 한국학중앙연구원 교수는 "광장에 모인 군중들이 합법적으로 선출된 대통령의 사임을 원한다고 해서 퇴진시키는 것은 헌법이 정한 자유민주주의원리인 법치주의를 파괴하는 폭민정치"라고 규정했다.

02 촛불, 어떻게 평가해야 할까?

2002년부터 등장한 촛불시위는 2008년 이명박 대통령을 끌어내리는 데는 실패했으나 2016년 박근혜 대통령을 끌어내리는데 성공했다. 촛불시위에 참여한 사람들은 주도세력의 뜻을 잘모르고 참여했겠지만, 배후의 주도세력은 거대한 정권장악 마스터플랜을 가지고 그 꿈을 이루기 위해 지속적으로 노력한 것으로 평가된다.

광장투쟁의 조직력은 어디서 나온 건가?

2002년 효순·미선 촛불시위, 2008년 광우병 촛불시위, 2016년 박근혜 대통령 퇴진 촛불시위 등을 누가 주도한 것일까?
2002년 효순·미선 촛불시위에서는 "여중생범대위", 2008년 광우병 촛불시위에서는 "광우병대책위", 2016년 박근혜 퇴진 촛불시위에서는 "박근혜 퇴진투쟁본부"였다. 시위에 동참한 단체는 효순·미선사건 때는 500여개, 2008년 광우병 촛불시위와 2016년 박근혜 퇴진 촛불시위 때는 1,800여개에 이르렀다고 한다. 실무적 역할은 민노총, 전교조 등이 주도적으로 했는데 특히 민노총은 대형 촛불투쟁이 있을 때마다 TF조직을 만들어 행사 전체를 컨트롤 했다. 북한도 배후에서 선전선동과 다양한 공작활동 등으로 관여한 것으로 평가된다.

촛불시위의 목적과 성격은 무엇인가?

2002년 효순·미선 촛불시위부터 2008년 광우병 촛불시위, 2016년 박근혜 대통령 퇴진 촛불시위에 이르기까지, 일어난 촛불시위들의 공통점은 무엇일까?

2002년 12월 의정부여중생 사망 촛불시위의 주요 테마는 반미였다. 2004 - 2007년 평택 미군기지 이전반대시위, 2005년 맥아더동상 파괴기도 시위, 2007년 한미FTA 반대시위, 2008년 미 쇠고기 수입반대 촛불시위(광우병 촛불시위) 등도 반미가 테마였다. 그 외에도 정신대대책위의 반일집회, 천안함사건 관련 북한옹호 집회, 제주 강정마을 해군기지 건설 반대시위, 국가보안법 폐지 시위, 사드반대 시위 등도 있었다. 이러한 광장투쟁의 소재는 크게 보면, 반미, 반일, 친북, 친중, 친사회주의, 반대한민국, 반자본주의 등이었다. 광장투쟁에서 가장 많이 활용된 것은 반미투쟁이었고, 2008년 광우병 촛불시위 이후 가장 많이 활용된 소재는 반일이었다. 반일도 알고 보면 배후에 반미를 내포하고 있다. 반미-반일 뒤에는 친북, 친중, 친사회주의이고, 이는 반대한민국으로 이어져 있다.

03 문재인정권이 꿈꾼 '촛불정신의 나라'

문재인 대통령은 물론 문 정권 주요 인사들도 수시로 촛불정권이라고 강조했다. 문재인 대통령은 2017년 9월 유엔총회에선 "나는 촛불혁명으로 태어난 대통령"이라고 소개하기도 했다. 문 정권이 내세우는 촛불혁명은 어떤 혁명이며, 촛불정신은 어떤 정신인가? 촛불정신에 입각해 만들려고 하는 나라는 어떤 나라인가?

문재인 대통령은 2017년 5월 대통령선거 직전 문재인 후보가 유세 중 '가짜보수를 횃불로 불태우겠다'고 발언했고, 더불어민주당 대표였던 이해찬 의원도 당시 '보수를 궤멸시키겠다'고 말했다. 그러면서, 문재인 대통령은 2019년 1월 청와대에서 가진 행사에서 "20개월간 오직 촛불민심만 생각했다"라고 고백했다.

문재인 대통령이 생각하는 국민은 분명 둘이다. 하나는 자신을 지지하는 촛불국민, 다른 하나는 궤멸되어야 할 보수국민이다. 촛불을 든 세력은 '정의의 세력'이고 태극기를 든 세력은 '적폐세력'이라는 관념이다. 국민을 사상을 기준으로 둘로 나누는 나라는 어떤 나라일까? 인민민주주의, 민중민주주의, 진영민주주의 나라가 아닐까? 이는 자유민주주의체제의 국민주권론을 위반하는 개념인 것이다. 문 정권은 실제로 집권 후 '적폐청산'이라는 이름으로 우경정권 인사들을 줄줄이 구속하는 등 박해했고, 기독교 등 자신들에게 저항하는 세력을 궤멸시키기 위해 노력하고 있는 것으로 평가되고 있다.

제2부

대한민국세력
반대한민국세력간
전쟁터 대한민국

2030 又大勢

제1장

잘못된 사상전쟁을 하고 있는 대한민국

01 국민들이 궁금해 하는 사상문제

인터넷에 보면, 우리나라 내에서 거론되는 사상 용어들에 대해 궁금해하는 사람들이 많다는 것을 알 수 있다.

"건국 직후에 좌파와 우파의 싸움이 심했다고 하던데, 좌파는 무엇이며 우파는 무엇인지, 그들이 왜 싸웠는지 알려 주세요"

"신문에 보면, 진보세력과 보수세력이니 하는 말들이 나오는데, 그게 무얼 기준으로 나누는 것인지, 성향이 무엇인지 궁금해요"

"보수파는 항상 노땅('늙은 사람' 의미)에 기득권자들이고, 진보파는 젊고 참신하고 세상을 좋게 만들려는 사람이라는 인식이 강하잖아요. 그러면 보수파는 무조건 나쁘고 진보파는 무조건 좋은 건가요. 항상 나쁘기만 한 것이 존재할 수 있나요?"

또한 "신문에 좌파니 친북이니 진보니 하는 말들이 나오는데요. 보통 신문 등 여러 매스컴에서는 이것들을 거의 하나로 보는 경향이 있는 것 같네요. 제가 생각했을 때는 이 세 가지는 분명 구분되어야 한다고 생각하는데요. 저는 진보는 좋지만, 친북은 싫어요. 그런데 보통 진보를 외치는 사람들은 친북하는 경향이 크더라구요. 아닌가요? 용어들을 정확히 알려주세요"

국민들이 이처럼 사상문제를 혼란스럽게 생각하는 것은 한국에서 사상갈등이 심하기 때문이고, 사상에 대한 용어들이 매우 혼란스럽게 사용되고 있다는 증거이다.

02 사상 명칭으로서의 '보수–진보' 프레임 파기해야

1) 우리 사회를 지배하는 '보수–진보' 사상 프레임

우리 사회에서 보수–진보라는 사상 프레임이 널리 사용되고 있다. 보수–진보 프레임은 대한민국 국민들의 사상을 크게 잘못 설정하고 있다. 잘못 설정된 두 그룹이 서로 갈등함으로써 국가를 혼란시키고 국민을 분열시키고 있다.

2) 보수 · 진보 개념의 심각한 문제점

대한민국에서 정치, 사상 프레임으로 사용되는 보수–진보 개념에 어떤 문제가 있을까? 문제의 핵심은 "진보" 개념이 이중적으로 사용되고 있다는 데 있다. ▷사전적으로는 "보다 나은 상태로 변화하는 것"이란 좋은 의미로 이해되지만, ▷정치학적으로는 "진보"란 사회주의, 공산주의를, "진보세력"이란 사회주의자, 공산주의자를 지칭하는 용어로 사용되고 있다는 것이 혼선의 핵심이다.

마르크스로부터 레닌, 스탈린, 마오쩌둥(모택동), 김일성, 박헌영 등 모든 공산주의 · 사회주의세력이 자신들을 진보세력이라고 호칭했다. 해방 이후 북한에 들어온 소련군도 자신들을 공산주의 · 사회주의를 내세우지 않고 '진보적 민주주의'라고 포장해 대중들에게 선전했다.

왜 공산주의, 사회주의자들이 자신들을 '진보세력'이라고 호칭하는 것일까? 마르크스이론 때문이다. 마르크스는 사적유물론에서 '역사는 원시 공산사회에서 고대 노예제사회로, 고대 노예제사회에서 중세 봉건사회로, 중세 봉건사회에서 근대 자본주의사회로, 근대 자본주의사회에서 사회주의-공산주의사회로 진보해 간다'고 규정했다. 특히 '자본주의체제를 허물고 사회주의 → 공산주의체제로 변혁하는 것은 더 좋은 사회로 진보하는 것'이라는 관념을 가지고 있다.

공산 · 사회주의자들이 사회주의-공산주의에 대해 더 좋은 세상을 만들려는 사상이라고 좋게 선전하고, 그런 자신들을 '진보세력' 이라는 멋진 명칭으로 포장하는 것은 이해할 수 있는 일이다. 그러나 사회주의-공산주의가 나쁜 사상이라고 생각하는 사람들이 공산주의, 사회주의자들을 향해 '진보세력=보다 더 좋은 세상을 만들려는 사람들' 이라고 불러주는 것은 자기모순이며, 지극히 잘못된 용어 사용법이다.

사상에 대한 이해도가 적은 청년들이나 일반 국민들은 정치학적인 '진보' 개념을 모르고, 사전적 의미의 '진보' 개념으로만 이해하여 진보로 포장한 좌익세력(사회주의 · 공산주의 세력)에 대해 "보다 좋은 세상을 만들기 위한 정치세력" 정도로 이해하고 그들이 쳐놓은 진보텐트 속으로 줄줄이 들어가는 것이다.

'진보-보수 프레임, 자유민주주의세력을 수구꼴통으로 만드는 프레임

좌익세력은 '진보세력' 용어에 대해 공산 · 사회주의세력을 의미한다는 것을 정확히 알고 사용한다. 이들은 사회주의, 공산주의를 싫어하고 자유민주주의, 시장경제체제(자본주의체제)를 지키려는 세력에게는 '진보(사회주의, 공산주의)를 거부한다' 는 의미에서 반동분자, 적폐세력, 수구세력 등의 프레임을 씌운다. 북한정권 수립과정이나 6 · 25전쟁 와중에 자본가 · 지주들을 '반동분자' 라는 딱지를 붙여 처형한 것도 사회주의로 가는 '진보' 를 거부하는 세력이기 때문에 제거해야 한다는 의미를 담고 있었다.

이처럼 좌익세력은 진보세력-보수세력 개념이 뭔지, 어떤 효과를 거두는지 정확히 알고 활용하는데, 우익·우경세력은 이를 잘 모르고 마구 사용하는 것이다. 그래서 무지에 의해 적을 이롭게 하고 우군을 괴멸시키는 역작용을 낳는 것이다.

그러니까, 사상적 이해가 부족한 청년들이나 일반 국민들은 좌익세력이 자신들을 진보, 진보세력이라고 포장하는데 속아서 이들에 대해 "좋은 상태로 나라를 만들려는 좋은 세력이구나!" 로 이해하는 것이다. 이렇게 이해하고 나면 "이런 좋은 세력을 반대하는 보수세력은 뭔가?"라는 생각에 이른다. 결국, "보수세력은 틀딱이고 수구꼴통이구나. 보수세력은 궤멸되어야 해" 라는 관념이 박히는 것이다. 결국 보수란 '좋은 상태로 노력하는 진보세력을 비판하는 나쁜 세력' 이라는 이미지로 굳어지는 것이다. 그래서 자유민주주의를 좋아하는 청년들이 자유민주주의를 수호하려는 세력들을 비난하고 괴멸시키는 일에 힘을 쏟는 것이다. 참으로 슬픈 현실이다.

보수-진보 프레임, 짝이 잘못 설정되어 있다

보수-진보라는 개념은 짝이 잘못 설정되어 있다. 무슨 말이냐 하면, 진보(進步)의 반대말은 보수(保守)가 아니다. 진보(進步)의 반대말은 퇴보(退步)이며 반동(反動)이다.

보수주의는 진보를 거부하는 퇴보가 아니다. 보수주의란 현재의 귀중한 가치나 질서 등을 긍정하고, 지킬 것은 지키고 발전시킬 것은 발전시키는 온건개혁 성향을 말한다. 미국의 보수주의는 청교도들이 가졌던 기독교 신앙적 가치, 전통문화 등을 지키고 계승 발전시키려는 성향을 말한다. 보수주의와 대립하는 개념은 자유주의이다. 엄격한 기독교 문화에서 벗어나 인간 중심의 좀 더 자유로운 가치와 행동을 지향하는 성향을 말한다.

이러한 보수주의를 자유주의가 아니라 진보주의와 짝을 이루다 보니, 그 부작용이 극심하게 된 것이다. 보수는 진보와 발전을 싫어하는 의미로 굳어진 것이다. 보수는 진보의 반대말이 아니며, 진보를 거부하는 것이 아니다. 대한민국의 보수세력이 과거로 퇴보하기 위해 노력한 세력이라면 어떻게 '한강의 기적'이라 불리는 대한민국의 발전을 이룰 수 있었겠는가?

진보세력 안에는 도저히 결합할 수 없는 두 세력이 혼재하고 있다

진보세력 안에는 자유민주주의체제를 허물고 사회주의, 공산주의체제로 변혁하려는 좌익세력과 자유민주주의체제를 좋아하지만 진보라는 말에 속아 잘못 들어간 국민들이 혼재하고 있다. 즉, 진보그룹 내에는 대한민국을 긍정하는 대한민국세력(약칭 대세)과 대한민국을 부정하는 反대한민국세력(약칭 반대세)이 함께 뒤섞여 있는 것이다. 혼재하는 두 그룹 중 사회주의세력이 주도권을 장악하고 있다. 이들 중에는 인권탄압, 폐쇄적 민족주의, 세습 왕조체제 등 퇴보적인 북한체제로 통일을 지향하는 그룹도 있다. 세계 10위권 경제대국 대한민국을 붕괴시키고 가난과 인권탄압의 북한체제, 사회주의체제로의 통일을 꿈꾸는 반대세(反대한민국세력)가 어떻게 진보세력이 될 수 있는가? 이러한 측면에서도 사상으로서의 '진보' 개념에 문제가 있음을 알 수 있다.

사상으로서의 '진보주의(progressivism)'는 세계에서 통용되는 보편적인 용어가 아니다

사상분야 전문가 양동안 교수에 따르면, '세계 각국에서도 사상을 정의할 때 진보(progress) 개념을 별로 사용하지 않으며, 진보(progress) 개념은 한국 내 좌익세력이 확산시킨 개념으로 한국에서만 주로 널리 사용되고 있다.

미국에서는 사회주의자들이 자신을 "progressives(진보세력)"라고 부르나, 비사회주의자들은 사회주의세력에 대해 progressives(진보세력)라고 부르지 않고 radicals(과격세력)라고 부른다.[3] 2020년 대선에서도 트럼프 대통령이 수시로 사회주의세력을 향해 진보세력으로 포장한다고 비판하곤 했다.

미국에서는 한국처럼 보수주의(conservatism) - 진보주의(progressivism)라는 프레임이 아니라, 보수주의(conservatism) - 자유주의(liberalism) 프레임이 사용되고 있다. 미국의 공화당은 보수주의를, 민주당은 자유주의를 내세우고 있다.

그런 미국 사람들에게 한국의 사상 프레임이 보수주의(conservatism) - 진보주의(progressivism, 사회주의)로 되어 있다고 하면 놀랄 것이다. 자유주의세력이 들어갈 곳을 사회주의세력이 차지하고 있기 때문이다.

그런데, 한국의 보수주의(conservatism)-진보주의(progressivism) 프레임을 영어로 통역할 때 conservatism(보수주의) - liberalism(자유주의)으로 번역을 하는데, 이는 한국도 미국처럼 보수주의와 자유주의가 경쟁하는 것처럼 오인케 하는 것이다.

---

3) 양동안, 『한국에서 혼란스럽게 사용되는 정치사상용어 바로알기』(도서출판 대추나무, 2020), pp93.

반대로 미국의 보수주의(conservatism)-자유주의(liberalism) 프레임을 한국말로 통역할 때 보수주의-진보주의로 번역하는데, 이는 마치 미국에도 보수주의-진보주의 프레임이 사용되는 줄로 잘못 알게 하는 것이다.[4] 이러한 오역들이 대한민국 내에 반체제세력이 확산되고 있는 것을 세계인들이 알지 못하게 연막을 친 꼴이었다.

4) '진보세력' 개념 사용은 좌익세력을 도우는 행위

우리나라 '진보세력' 용어는 좌익세력이 자신들의 反대한민국적 사회주의 활동을 합리화하고 대중을 끌어들이는 유인 도구이며, 자신들의 실체를 은폐 · 엄폐하는 수단이다.

좌익세력은 진보-보수 프레임을 통해 자신들을 '진보세력'이라고 포장함과 동시에 '보수세력은 수구꼴통, 적폐세력'으로 매도하여 대중들이 자유민주주의세력, 대한민국세력을 기피하도록 만들어 왔다. 그러므로, 보수-진보라는 프레임을 쓰면 쓸수록 좌익세력, 반대한민국세력에게 유리한 결과를 낳는다.

---

4) 양동안, 『한국에서 혼란스럽게 사용되는 정치사상용어 바로알기』(도서출판 대추나무, 2020), pp88-91.

03 보수-진보 대신 어떤 프레임을 사용하면 좋을까?

앞에서 본 바와 같이, 보수-진보 프레임에 심각한 문제가 있고, 특히 '진보'라는 개념에 심각한 문제가 있다는 것을 알았다. 더구나 보수주의가 수구꼴통, 퇴보세력, 반동분자로 매도되고 있는 악의적인 프레임을 벗겨내야 한다. 자유민주주의체제에서의 보수주의란 정통 기독교정신, 천부인권과 자유 등 자유민주주의 정신과 가치를 지키고 보존하는 사상과 정치시스템을 지향하는 노선을 의미한다. 이를 위해서는 먼저 "진보세력 = 공산·사회주의세력, 좌익세력, 반대한민국세력"이라는 의미를 정확히 알려 '진보세력' 용어에 대한 '사용금지선언'을 해야 한다.

유럽처럼 자유민주주의, 기독교민주주의, 사민주의 등 사상실명제를 사용하거나 학문적으로 널리 사용되는 좌익-우익 프레임으로 사용하는 것이 타당하다.

이에 더하여, 저자는 우익-좌익, 실명제 등에 대한 보완적 프레임으로, 2009년 출간한 "반대세의 비밀, 그 일그러진 초상"에서 대한민국세력(약칭 대세)-반대한민국세력(약칭 반대세)을 제안한 바 있다. 대한민국세력(대세)-반대한민국세력(반대세) 프레임은 한국 상황에서 이해하기 쉽고, 국민들을 설득하기 용이한

이점이 있기 때문이다.

(1) 보수–진보 대신 우익–좌익 프레임 사용하기

보수–진보 프레임 대신 우익(right)–좌익(left) 프레임을 사용하는 것이 바람직하다. 우익–좌익 프레임은 이미 전 세계 학자들이 이론적으로 검증한 개념이며, 세계인들이 보편적으로 사용하고 있는 일반적인 개념이다. 우리나라에서도 해방 이후, 6·25전쟁 때 널리 사용되었다. 우익이란 자유민주주의, 자유시장경제(자본주의) 체제를 지향하는 노선이고, 좌익이란 공산주의, 사회주의를 지향하는 노선이다. 우익–좌익 프레임을 좀 세분하면, 우익–우경–(중도)–좌경–좌익으로 구분할 수도 있다.

우익·좌익 개념의 역사

우익과 좌익 개념은 18세기 말 프랑스혁명 전후에 있었던 3부회의·국민의회 개최 시, 대표들이 앉는 자리가 왕·의장을 중심으로 하여 우측이냐 좌측이냐에 따라 붙여진 개념이다. 보수세력이나 온건개혁세력은 우측에 있어 우익으로, 변혁세력이나 급진개혁세력은 좌측에 있어 좌익으로 불렸다. 그러다 20세기 초 공산주의체제 소련이 등장한 이후 자본주의체제를 무너트리고 공산화하려는 세력과 이를 막으려는 기존 자본주의세력 간의 사상적 갈등이 시작되었다. 이때부터 사회주의·공산주의체제로의 변혁을 추구하는 과격(급진)세력을 좌익, 기존의 자본주의체제를 지키려는 세력을 우익이라고 부르게 되었다.

우리나라 좌익과 우익의 역사

한국에서는 1920년대 초 공산·사회주의 사상이 한반도에 상륙한 후 좌익(사회주의)과 우익(민족주의)의 용어가 도입되고 좌·우익 간 갈등의 역사가 시작되었다. 좌익은 계급을 중시하고 독립 시 사회주의국가를 만들려고 했으며, 우익은 민족을 중시하고 대체로 독립 시 민주공화제를 지향하였다.

해방 이후, 북한에 공산·사회주의의 소련군이 진주하고 남한에 자유민주주의·자본주의의 미군이 진주하면서 좌우 사상갈등은 심각한 상황으로 치달았다. 남한체제를 지지하는 우익과 북한체제를 지지하는 좌익으로 나뉘어 체제를 둘러싼 갈등을 벌인 것이다. 결국, 남한은 자유민주주의체제로, 북한은 공산·사회주의체제로 귀착되었는데, 이러한 사상갈등, 체제갈등이 6·25전쟁으로 나타났다. 6·25전쟁 전후 북한체제를 좋아하는 사람은 월북하고, 남한체제를 좋아하는 사람은 월남하는 등 스스로 체제를 다시 선택했다.

6·25전쟁 때 북한군의 악행을 보면서 많은 국민들이 가지고

있던 공산·사회주의에 대한 잘못된 환상에서 깨어났다. 그들이 선전했던 것과 실상이 너무 달랐기 때문이다. 6·25전쟁 이후 국민들은 대체로 반공의식이 투철해졌고, 좌익세력이 크게 위축되었다. 그러나 전쟁을 겪지 않은 세대가 점점 많아진 1980년대에 오자, 대학가에서 좌익학생운동권이 급성장했다. 30여 년이 지난 현재 좌·우익세력간 사상갈등, 대한민국세력과 반대한민국세력 간의 체제전쟁이 심각한 상태에 이른 것이다.

오늘날 널리 사용되는 우파-좌파 개념의 문제점

오늘날 우리나라에서는 "우익-좌익"이라는 정통 프레임보다는 "우파-좌파" 프레임이 많이 사용되고 있다. 우파-좌파 프레임은 정확한 용어 사용법이 아니다.

양동안 교수에 따르면, 우파-좌파 용어는 특정 정당이나 단체 내부에 존재하는 파벌(정파)을 구분할 때 사용하는 용어이다.[5] 우익정당이나 우익단체 내에도 우파-좌파로 나뉠 수 있고, 좌익정당이나 좌익단체 내에도 우파-좌파로 나뉠 수 있다.

---

5) 양동안, 『한국에서 혼란스럽게 사용되는 정치사상용어 바로알기』(도서출판 대추나무, 2020), pp88-91.

(2) 대세(대한민국세력) - 반대세(反대한민국세력) 프레임

보수-진보 프레임을 대체할 명칭으로서 대세(大勢)-반대세(反大勢) 프레임을 활용할 것을 추천한다. 대세(大勢)란 대한민국세력(大韓民國勢力)의 약칭이며, 대한민국을 긍정하는 세력을 의미한다. 반대세(反大勢)란 반대한민국세력(反大韓民國勢力)의 약칭이며, 대한민국을 부정하는 세력을 의미한다. 이 프레임은 우익-좌익이라는 명칭을 보완하고 일반 국민들의 이해도를 높이는 등 사상전, 체제전쟁을 함에 있어 유용한 점이 많다.

1) 대세-반대세 프레임, 구체적으로 알아보기

대세(대한민국세력)-반대세(반대한민국세력) 프레임의 구조

대세와 반대세(反대세)는 대한민국의 헌법가치인 자유민주주의ㆍ시장경제체제와 대한민국의 수립과 발전의 역사를 긍정하느냐 부정하느냐를 기준으로 삼는 것이다. 대세(大勢)란 대한민국의 가치와 역사를 기본적으로 긍정하는 세력을 의미하고, 반대세(反大勢)란 대한민국을 부정하는 세력으로 개념화한 것이다. 대세는 대체로 자유민주주의세력과 유사한 범위를 갖고, 반대세는 사회주의세력과 유사한 범위를 갖는다고 할 수 있으나, 좌경세력과 사민주의세력에 의해 약간의 차이가 있기는 하다.

대세(대한민국세력)–반대세(반대한민국세력)의 구조도는 다음과 같이 그려볼 수 있다. 대세는 매우 범위가 넓고 반대세는 범위가 매우 좁다. 기존의 보수–중도–진보 프레임과는 완전히 다르다. 기존의 보수–중도–진보의 프레임이 얼마나 문제가 많은지, 그것을 왜 파기해야 하는지 알게 해준다.

대세(대한민국세력)의 개념

대세(대한민국세력)는 자유민주주의세력과 유사한 범주를 갖는데, 우익세력이 그 중심을 이루고 우경세력(우측으로 기울어진 세력)이 지지그룹을 형성한다. 게다가 상당수 좌경세력(좌측으로 기울어진 세력)을 포함하며, 좌익세력 중 대한민국의 자유민주주의를 부정하지 않는 사민주의 그룹까지도 포함된다. 사민주의(사회민주주의)는 사회주의 노선에서 전향한 세력이며, 좌익이기는 하지만 자유민주주의를 파괴하려 하지 않고 자유민주주의와 공존을 도모하는 그룹이다.

좌익세력 중 사민주의세력은 반대세 아니다

좌익세력의 다수는 반대세(반대한민국세력)에 포함되지만, 좌익세력 중 사민주의세력은 대세(대한민국세력)에 포함된다. 좌익인 사민주의세력을 대한민국세력에 포함하는 이유는 뭘까? 사민주의세력은 좌익이기는 하지만 전향한 사회주의세력(좌익세력)으로서, 자유민주주의체제 내에서 노동자의 주도권, 복지 등을 내세우는 세력이기 때문이다. 즉, 대한민국의 자유민주주의체제를 긍정하고 허물려하지 않기 때문이다.

기독교문화에서 생겨난 영국의 노동당, 독일의 사민당, 스웨덴 등 유럽식 사회주의라고 하는 것은 대부분 사민주의이다. 우리나라에서는 주대환 전 민노당 정책위의장 등이 이 노선을 내세우고, 민주당, 정의당에도 이 노선을 지향하는 그룹이 존재한다. 심지어 국민의힘당 내에도 존재한다. 이러한 그룹은 좌익이기는 하지만 자유민주주의를 부정하는 입장이 아니기 때문에 대한민국세력에 속한다.

반대세(반대한민국세력)의 개념

반대세(反대한민국세력)는 사회주의세력과 유사한 범주를 갖는데, 좌익세력이 그 중심을 이루며, 일부 좌경세력도 여기에 포함된다. 좌익세력 중 사민주의세력은 전향한 좌익세력으로, 자유민주주의체제를 부정하지 않기 때문에 반대세에 속하지 않는다.

반대세에 속하는 좌익세력이란 혁명적 사회주의세력과 민주적 사회주의세력이 포함된다. 혁명적 사회주의세력이란 혁명을 통해 자유민주주의체제를 무너뜨리고 사회주의체제로 변혁하려는 세력을 말하는데, 이를 공산주의세력이라고 한다. 민주적 사회주의세력이란 선거, 의회 의결 등 합법적 방법, 의회적 방법으로 헌법 개정, 법령 개정 등을 통해 자유민주주의체제를 허물고 사회주의체제를 변혁하려는 세력을 말한다.

좌경세력이 얼마나 많이 체제에 동화되느냐가 체제안정의 분기점

일반적으로 좌익세력은 사회주의 노선을 명확히 하고 추종하는 점에서 좌경세력과는 개념적으로 구분될 수 있다. 좌경이란 사회주의에 대해 수용적 태도를 가지고 있으므로 좌로 기울어져(left leaning) 있다는 의미다. 좌경세력은 좌측으로 기울어 있기는 하지만 사회주의 노선을 추종하지는 않는다는 점에서 좌익세력과 구별된다. 좌경세력은 자유민주주의 · 시장경제체제(자본주의체제)의 대한민국을 인정하나 비호감을 가지고 은근히 국가의 정통성과 체제에 대한 부정적 인식과 태도를 취하는 경향이 있다.

이들은 좌익세력의 선동을 대중들에게 전달하여 감정을 폭발시키는 중간 역할을 하기도 한다. 좌익세력이 불씨라면 좌경세력은 대중들의 감정을 폭발시키는 도화선(導火線: 불을 붙이면 타들어 가 화약을 폭발시키는 긴 줄) 역할이다. 달리 표현하면 좌익의 핵심사상을 대중들에게 전달하는 인전대(引傳帶: 사전적 의미로는 '동력을 전달하는 벨트') 역할인 것이다.

좌익세력은 다수가 척결 대상이지만 좌경세력은 대부분 척결 대상이 아니라 동화 대상이라 할 수 있다. 좌경세력을 얼마나 많이 동화시켜 대한민국 긍정세력을 넘어 대한민국 수호세력으로 만들어 가느냐가 대한민국체제의 안정 여부를 가늠하는 기준이 된다.

2) 대세와 반대세 프레임의 장점과 단점

칼은 여러 가지 용도에 맞게 만들어져 있다. 변도칼과 식칼이

다르고, 소 잡는 칼과 닭 잡는 칼이 다르다. 칼 하나로 소도 잡고 닭도 잡고 면도도 할 수는 없다. 용어도 마찬가지다. "대세-반대세" 프레임은 매우 유용한 도구이지만 장점과 함께 단점, 즉 한계도 있다. 이 프레임의 장·단점을 잘 알아야 유용하게 활용할 수 있다.

대세-반대세 프레임의 장점은 뭔가?

대세와 반대세 프레임은 어떤 장점이 있을까?

첫째, '우익-좌익'이니 '자유민주주의-공산·사회주의'이니 하는 개념은 상당한 사상적 이해도가 있어야 분별할 수 있는데 반해, 대한민국세력(대세)-반대한민국세력(반대세) 개념은 대한민국을 긍정하느냐(대세) 부정하느냐(반대세)를 기준으로 구분하기 때문에 일반 국민들이 이해하기가 매우 쉽다.

둘째, 반대한민국세력, 반체제세력으로부터 "색깔론", "극우"라는 공세 프레임을 피할 수 있는 장점도 있다. 그동안 우익·우경세력은 좌익·좌경세력을 비판할 때, "빨갱이다", "간첩이다" 등 사상 공세를 하곤 하는데, 그러다가 '극우세력이다', '색깔론이다'라고 역공을 당하기가 쉽다. 그러나 대한민국세력-반대한민국세력은 우리의 국가 대한민국을 허무느냐 수호하느냐를 기준으로 한 프레임이기 때문에, 좌익세력들이 대한민국 수호세력을 향해 "극우다", "색깔론이다"라고 사상적 공세를 하기 어렵다. 대한민국을 지키겠다는 세력에게는 상당히 유리한 프레임이고, 대한민국을 무너뜨리겠다는 세력에게는 매우 불리한 프레임이다. 전쟁에서 국가를 수호하는 것은 위대한 일이고, 적과 내통해 국가를 허무는 것은 곧 반역자, 역모자, 대역죄인이기 때문이다.

셋째, 대한민국에서 일어나고 있는 역사전쟁을 대처하는데도 매우 유리한 프레임이다. 현재 대한민국은 자유민주주의-사회주의 등 사상전만 일어나는 게 아니고, '대한민국에 정통성이 있느냐, 북한에 정통성이 있느냐' 하는 역사적 논쟁까지 전개되고 있다. 그래서 사상프레임보다 국가정체성 논쟁을 하는데 더 유용할 수 있다.

넷째, 좌익·좌경 정당이나 단체들(민노총, 전교조 등) 속에도 대한민국을 긍정하는 세력이 존재한다. 이들이 스스로 자신에게 "나는 누구인가?", "대한민국세력인가? 반대한민국세력인가?"를 되물어 보고 분리, 이탈해 나오기가 쉬울 수 있다. 이제 대세는 반대세 그룹에서 벗어나 대세끼리 다시 '헤쳐모여' 해야 한다. 그래야 정당이나 단체들도 불필요한 소모적 사상갈등을 최소화할 수 있다.

대세-반대세의 단점은 없나? 있다면 어떻게 보강할 것인가?

첫째, 대세-반대세 프레임의 가장 큰 단점은 대세(대한민국세력)의 범위가 너무 넓다는 점이다. 대한민국세력의 스펙트럼이 너무 다양하다. 대세 안에는 우익·우경세력은 물론 좌경세력도 포함되고 심지어는 좌익세력의 일부인 사민주의도 포함된다. 그래서 내부 노선투쟁이 일어날 가능성이 높다. 대한민국세력 내 노선갈등을 완화하고 통합의 시너지 효과를 최대화하기 위해서는 사상에 대한 학습과 이해도가 선행되어야 한다. 그래야 불필요한 내부 갈등과 마찰을 피할 수 있다. 대한민국세력은 노선의 다양성을 인정하고 노선경쟁은 해도 되지만 비판의 선을 넘지 않도록 노력해야 한다.

둘째, 체제수호 의지가 강한 그룹이 불만을 가질 수 있다. '왜, 국가수호의식이 별로 없는 사람들을 다 우군으로 삼느냐?'는 것이다. 물론 그런 비판을 가질 수 있다. 대세(대한민국세력)란 스펙트럼이 넓다 보니, 국가관, 안보관, 역사관 등이 희미한 경우도 많고 특정 사안마다 서로 의견이 다를 수 있으며, 단결이 잘 안 되고 오합지졸일 수 있다. 그러나 국가관, 안보관이 투철한 사람들이 이들을 깨우치고 동화하도록 노력해야지 배척할 사항은 아니다.

제2장

대세(대한민국세력) 탐색하기

01 대세(대한민국세력)의 내용

앞에서 이미 대한민국세력(대세)에는 우익세력이 핵심을 이루고 우경세력, 중도세력을 포함하고 나아가 상당수 좌경세력까지도 포함하며, 좌익세력의 일부, 즉 사민주의세력도 포함한다고 언급한 바 있다.

여기서, 우익세력이란 자유민주주의를 긍정하고 수호하려는 의식까지 가진 그룹을 말한다. 우익세력은 대한민국 자유민주주의체제에서 핵심적 그룹이다. 이들을 체제수호세력이나 대한민국수호세력이라고 할 수 있다. 우경세력이란 우익까지는 아니지만 우측으로 기울어져 있는 세력을 말하며, 중도우파와 중첩된다.

좌경세력이란 좌측으로 기울어져 있을 뿐 대체로 자유민주주의를 부정하지 않고 사회주의체제로의 변혁을 추구하지 않기 때문에 대한민국세력에 포함하는 것이다. 사회민주주의세력(사민주의세력)은 전향한 사회주의세력으로서, 좌익세력이기는 하지만 자유민주주의를 긍정하고 파괴를 시도하지 않기 때문에 대한민국세력에 포함한 것이다.

02 대세(대한민국세력)의 실태 및 문제점

1) 대한민국세력의 여러 가지 그룹들

오늘날 대한민국세력은 하나의 그룹이 아니다. 여러 가지 성향과 노선으로 나뉘어 있다. 대표적으로 기독교세력 등 종교세력, 건국·호국세력, 민족주의세력, 산업화세력, 자유민주화세력(우익운동권), 노선전환(전향)세력, 선진화세력(민주화 극복세력) 등으로 나눌 수 있다.

기독교세력 등 종교세력

기독교(개신교, 천주교), 불교 등 종교세력은 자유민주주의 대한민국세력의 핵심이다. 종교의 자유가 있어야만 존재할 수 있기 때문이다.

특히 문 정권 등장 후 대한민국의 체제위기, 국가위기에 직면하여 가장 적극적으로 저항한 핵심세력은 개신교 중심의 기독교세력이다. 양동안 교수도 오래전부터 체제위기가 닥칠 경우, 저항할 그루터기는 기독교조직밖에 없다고 말해왔다. 기독교 특히 개신교는 자유민주주의, 시장경제체제를 만든 이론적 뿌리이다. 존 칼빈 등 개신교 지도자의 사상과 미국 건국자들의 청교도 정신 등을 뿌리로 하여 자유민주주의, 시장경제체제가 확립된 것이다. 자유민주주의, 시장경제체제는 개신교가 낳은 산물이라고 할 수도 있다.

한국의 기독교는 미국 선교사들을 통해 들어온 후 일제에 가장 많이 항거하고 순교자를 낳았으며, 6·25전쟁 때 공산주의세력으로부터 가장 많은 순교자를 낸 반공세력이다. 대한민국 기독교세력은 동방의 예루살렘이라고 하는 평양 등 북한의 기독교세력이 북한 공산화를 피해 남한으로 내려온 반공 기독교정신에 많은 영향을 받았다. 기독교세력은 반공정신에 입각하여 산업화 정책에도 가장 적극적으로 참여했으며, 오늘날 세계 10위권 경제대국, 글로벌 대한민국을 만드는 기반 역할을 했다.

건국·호국세력

대한민국세력 중 매우 중요한 세력으로 건국·호국세력을 들 수 있다. 건국·호국세력은 대한민국의 건국을 긍정 평가하고

6 · 25전쟁의 호국정신을 높이 평가하고 북한의 대남 적화전략에 대해 방어하는 반공정신을 내재화한 그룹이다.

이들은 이승만 대통령 등 자유민주주의 대한민국 건국에 기여한 인사들의 역할이나 건국 직후 빨치산 소탕이나 6 · 25전쟁에 나서서 피를 흘리며 공산세력을 몰아내 자유민주주의체제를 지킨 희생자들에 대해 긍정 평가한다. 이들은 특히 이승만 건국대통령에 대해 높이 평가하는데, 그가 공산주의 실체를 정확히 꿰뚫어 본 세계적인 국제정치학자로서, 해방 직후 국내에 들어와 국민들에게 반공 자유민주주의 사상을 일깨웠으며, 건국 직후 좌익세력의 반란을 저지하고 6 · 25전쟁 때 미군이 즉각 참전하여 북한 공산세력을 물리치도록 한 공로에 대해 높이 평가한다. 이들은 박정희 대통령의 반공정신과 국가안보 태세를 보다 높이 평가한다.

민족주의세력

민족주의세력은 36년간의 일제의 압박을 이겨내며 민족정통성을 지켜낸 주축 세력이다. 이들은 3 · 1운동을 이끌었고 대한민국 임시정부를 만들었으며, 독립운동을 통해 대한민국을 수립하게 한 원동력이다. 민족주의세력은 대한민국 우익세력의 기반이기도 하다. 일제시기 좌 · 우익 간 갈등이 심했는데, 사회주의세력을 좌익으로 지칭했고, 민족주의세력을 우익으로 지칭한 데서도 알 수 있다.

이승만·김구 등 민족주의세력은 해방 이후 좌익세력과 싸우며 자유민주주의 노선의 국가를 만들기 위해 함께 노력했다. 대한민국 건국에도 다수가 참여했고, 남북협상 문제로 관계가 틀어져 5·10선거에 불참했던 김구계열도 1950년 총선에는 참여하여 6·25전쟁에서 공산화를 막는 데 힘을 합했다.

산업화세력

산업화세력은 '한강의 기적'이라는 대한민국의 경제발전사를 높이 평가하고 이러한 체제를 긍정적으로 생각하는 그룹이다. 주로 1960~70년대 경제개발 5개년계획, 고속도로, 포항제철, 중화학공업, 수출 주도정책 등을 통해 고도성장을 이룬 박정희 대통령에 대해 높이 평가하는 그룹이다. 산업화세력은 고도 경제성장 과정에 주도적으로 참여했던 관료, 경제인, 산업인력 경험자들이나 그 경제발전의 혜택을 체험하면서 이를 높이 평가하는 국민들이 주로 여기에 속한다.

자유민주화세력

자유민주화세력이란 자유민주주의를 실현하기 위해 투쟁한 세력을 의미하는데, 이를 우익운동권이라고 할 수 있다. 이승만·박정희·전두환 등 권위주의정부에 저항하며 자유민주주의를 실현하기 위해 투쟁했거나 이들을 심정적으로 지지했던 그룹을 지칭한다. 이때 민주화란 민중(인민)민주화가 아니고 자유민주화를 의미한다. 이승만·박정희·전두환 권위주의정부 하에서 야당, 대학, 재야에서 투쟁을 한 세력 중 자유민주주의를 회복하려는 입장에서 온건 투쟁을 한 인물들이 여기에 속할 것이다. 김영삼 야당대표를 추종, 지지했던 세력의 다수가 여기에 속할 것이고 김대중 야당대표를 추종했던 그룹도 어느 정도 이에 속할 것이며, 노무현 대통령을 추종했던 그룹도 일부는 여기에 속할 것이다.

좌익·좌경노선 이탈(방향전환, 전향)세력

좌익·좌경노선 이탈세력, 즉 전향세력도 중요한 대한민국세력의 하나다. 이들은 좌익·좌경 노선에 서 있다가 이탈하여 중도→우경→우익으로 방향을 전환(이른바 전향)한 세력을 말한다. 다른 말로 표현하면 이른바 '좌익민주화세력'에 있다가 '우익민주화세력'으로 전환한 경우다.

좌익민주화운동세력이 우익민주화운동세력으로 전환하는 것은 대단한 용기가 필요하고 대한민국세력이 환영하고 격려해

주어야 한다. 한 사람이 자신이 가지고 있던 사상관을 바꾸는 것은 참으로 어려운 일이고 용기를 내야 하기 때문이다.

전향을 가장 확실하게 한 대표적인 경우가 박정희 대통령이다. 그는 1949년 숙군작업 때 사형 판결을 받을 정도로 군내 남로당 조직의 핵심이었지만 확실히 전향하여 대한민국 체제수호에 큰 역할을 하였다. 박정희 대통령처럼 완벽하게 전향한 경우도 있지만 불완전한 경우가 대부분이다.

전향은 사실 어려운 과정이다. 자신이 가졌던 좌익적 용어와 관념을 버리고 자유민주주의 용어와 관념으로 재구축해야 한다. 더욱이 기존의 좌익적 인맥관계를 청산하고 새로운 인간관계를 구축해야 한다. 이때 과거 좌익 동지들로부터 배신자라는 낙인이 찍히고, 생계가 타격을 받기도 한다. 그래서 쉽사리 '전향선언'을 하기 어려운 것이다.

대한민국세력은 이렇듯 전향세력의 애로를 인식하고 이들을 격려해야 하며, 사상전향의 한계도 있음을 잘 인식해야 한다. 이들이 많으면 많을수록 대한민국세력은 강화되고 대한민국의 자유민주주의체제는 불안정에서 벗어날 수 있다.

선진화세력(민주화 극복세력 : 10-20-30대)

선진화세력은 이른바 586세대의 상징인 '민주화시대'를 극복하고 대한민국의 선진화를 지향하는 10대, 20대, 30대의 젊은 대한민국 긍정세력을 말한다.

선진화세력의 특징은 몇 가지로 정리해 볼 필요가 있다.

첫째, 시기적으로 보아, 대부분 1987년 6·10항쟁 때 태어나지 않았으며, 태어났더라도 기억하지 못하는 세대다. 그래서 군사독재에 대한 부채의식도 없고 586세대가 '민주화의 주역' 이라는 자부심과 독점의식에 대해 공감하지도 못한다.

둘째, 이들 젊은 세대들은 글로벌 국제사회 속에서 한국의 위상을 체험하고 자부심을 가지며 자란 세대다. 따라서 이들의 의식 속에는 대한민국에 대한 긍정의식, 자유와 자율 의식(반권위주의), 개인주의(반집단주의), 기회의 균등(절대평등 반대), 공정 가치(민주화 세대 이익독점 반대), 반사회주의, 친서방(친미), 반중 등의 정서와 가치관들이 많다. 그래서 젊은 선진화세력은 기본적으로 자유민주주의적 의식이 앞의 세대보다 훨씬 더 내재화되어 있다.

셋째, 젊은 세대는 자신들에게 피해를 주는 586세대에 대해 분노하기 시작했다. 586세대가 주도해온 과격한 노동운동으로 인해 취업난이 가중된 것을 인식하게 되었고, 사회주의적 복지포퓰리즘 정책이 장차 자신들의 부담으로 돌아온다는 사실을 간파한 것이다. 이들은 60대만큼이나 우경적 경향을 보이는데 조국사태 등을 통해 586세대의 위선적 행태를 간파했기 때문이다.

선진화세력은 앞선 586세대를 극복하려면 올바른 국가관과 건강한 공동체 의식과 헌신성 등 가치관 함양이 필요하고, 대한민국의 체제와 역사관 등에 대한 공부와 함께 조직화와 연대 등 행동이 필요하다는 지적이 있다.

2) 대세(대한민국세력)의 분열과 갈등

대한민국세력은 대체로 사상에 대한 이해가 부족하고 현실주의적인 성향이 강했다. 그런 상황에서 체제위기를 닥치다 보니, 어떻게 시국을 판단해야 할지 몰라 우왕좌왕하거나 아군끼리 갈등하여 분열과 혼란을 야기하는 일이 많아졌다. 특히 박근혜 대통령 탄핵사태를 겪으면서 탄핵 찬성파와 반대파 간, 태극기집회 참여자와 비참여자 간 갈등이 심하고 기독교인 내에서도 정치투쟁파와 비참여파 간 분열과 갈등도 겪는 것이다.

3) 대세(대한민국세력)의 사상적 이해 부족

대세(대한민국세력), 대한민국 체제와 역사에 대한 이해 미흡

오늘날 대한민국 앞에 국가적 위기가 닥친 것은 대한민국세력이 대한민국에 대해 무관심하고 공부하지 않았기 때문이다. ▷대한민국이 어떤 나라인지, ▷대한민국의 내부의 적인 반체제세력이 어떤 세력인지, ▷대한민국은 언제 건국되고 발전했으

며, 누가 큰 역할을 했는지, ▷체제수호를 하려면 어떻게 해야하는지 등을 제대로 공부하지 않은 것이다. 이유는 국가와 체제를 지키는 일은 정부가 할 일이고 자신은 사업을 열심히 해서 세금만 내면 된다는 생각을 가졌기 때문이다. 반체제세력에게 정권이 빼앗기면 정부의 체제수호 기능이 일시에 멈춘다는 것을 알지 못했던 것이다.

북한과 좌익세력에 대한 실체 이해 부족

반대세 좌익세력은 사상교육을 철저히 받았기 때문에 상당한 논리력, 신념, 투쟁역량을 가지고 있다. 그러나 대한민국세력은 사상에 대해 이해가 매우 부족하다.

이들은 공산주의와 사회주의도 구별하지 못하고 좌익세력과 좌경세력도 구별하지 못하며, 전통 공산주의와 네오막시즘 등 변종공산주의를 구별하지 못한다. 그냥 "빨갱이 척결" 등으로 단순하게 생각하는 경향이 강하다. 그래서 좌익세력으로부터 '극우'라는 역공을 당하는 경우가 많다.

북한의 최고 통치철학인 주체사상을 만든 황장엽 북한민주화동맹위원장은 자신의 회고록에서 다음과 같이 대한민국 내 우익세력들을 통렬히 비판하였다.

황장엽 선생의 '보수세력' 비판

"공산주의를 지지하는 것과 공산주의를 정확히 이해하는 것은 전혀 다른 문제인데도, 보수주의자들은 공산주의에 대해 무식하기 짝이 없다. 그러다 보니 새로운 세대들이 김정일의 영향을 받아 친북·반미의 편으로 흡수되고 있는 것을 막지 못하고 있다. 그것이 누구의 책임인가. 김정일에게 넘기겠는가. 아니면 반미 친김정일 사상을 가진 소위 진보세력에게 넘기겠는가. 근본적인 책임은 보수주의자들에게 있다. 보수주의자들이 마르크스주의 사상의 본질이 무엇인지, 사회주의운동의 무엇이 잘못되었는지를 제대로 알지 못한 결과, 소위 진보세력과의 논쟁에서 늘 지고 있다. 김정일 앞잡이들과의 사상투쟁에서 패배하고 있는 것이다."

네오막시즘 시대로 간 것도 모른다

좌익·좌경세력은 네오막시즘 전략전술을 터득하여 문화적, 점진적, 평화적 방법으로 체제변혁(공산·사회주의로 변혁)을 기도하고 있다. 특히 1990년대 전후 동구 공산권 붕괴 이후 전통적 공산주의 방식의 한계를 절감하고, 새롭게 변화된 국제환경과 현대인의 구미에 맞는 네오막시즘 이론을 만들고 노동, 인권(동성애 등), 환경, 복지 등 달콤한 공약을 앞세운 프레임을 장착하여 대중들을 우군화해가고 있다.

이처럼 좌익세력은 시대 상황에 맞게 기민하게 전략전술을 바꾸며 세력을 넓혀가고 있는데, 우익·우경세력 등 대한민국세력은 아직도 좌익세력의 실체와 전략전술을 전혀 공부하지 않고, 수십 년 전 전통공산주의자들이 사용했던 부르주아-프롤레타리아 간 계급대립 프레임으로만 그들을 비판하는 것이다.

대한민국세력의 유약성

대한민국세력은 반대한민국세력에 비해 수적으로는 많지만, 조직력이나 투쟁성이 매우 약하다. 대한민국세력의 중심세력이라고 할 수 있는 우익세력조차도 반대세 좌익세력에 비해 유약하다는 지적이 많다.

좌익세력이 극성을 부리던 1988년, 양동안 정신문화연구원(현 한국학중앙연구원) 교수는 『현대공론』 8월호에 "우익은 죽었는가"라는 글을 썼다.[6]

양동안 교수는 이 글에서 "현재의 상황이 계속된다면, 좌익이 나라를 지배하는 시기는 반드시 온다. 그것이 10년 후가 될 것

---

6) 양동안, "우익은 죽었는가?", 『벼랑 끝에 서 한국의 자유민주주의』(인영사, 2017.4), pp268-285.

인지, 한 세대 후가 될 것인지는 알 수 없으나 반드시 그런 사태가 오고야 말 것이다"라고 말했다.

그는 "좌익의 도전은 날로 거세져 심각한데, 그에 대항하는 우익의 목소리는 모기소리처럼 가냘프고 힘이 없다"고 질타하고 "모래가 1톤이면 뭐하겠는가? 1kg의 단단한 돌맹이를 당할 수 없는데"라며 조직력과 연대의식 부족을 지적했다.

양동안 교수가 1988년도에 지적한 우익세력의 유약성은 현재에도 그대로 나타나고 있다. 대한민국세력의 유약성과 행동력, 조직력 부족은 사상 공부를 하지 않은 데 따른 것이다.

제3장

반대세(반대한민국세력) 살펴보기

01 반대세(반대한민국세력)의 개념

반대세 즉 반대한민국세력이란 대한민국을 부정하는 세력을 말한다. 이때 대한민국이란 자유민주주의 헌법 가치와 질서, 대한민국의 역사 등을 포괄하는 개념이다. 반대한민국세력(반대세)은 대한민국 헌법이 규정한 자유민주주의체제(정치질서)와 시장경제체제(경제질서)를 부정하고 허물려 하며, 대한민국 건국과 발전의 역사를 부정하는 세력을 말한다.

반대한민국세력(반대세)은 좌익세력을 중심으로 하며, 일부 좌경세력도 포함한다. 좌익세력은 자유민주주의, 시장경제체제의 대한민국을 부정하고 허물려는 세력을 의미하고, 여기서의 좌경세력이란 좌익으로 기울어진 정도가 심한 경우를 말한다.

대한민국은 국가보안법도 있어 자유민주주의를 무너뜨리고 공산·사회주의체제로 변혁을 기도하려는 세력을 색출하고 처벌해온 그야말로 자유민주주의체제 국가이다. 즉, 우익의 나라이다. 도대체 어떤 원인으로 반대세 좌익세력이 한국 사회에 급격히 확장되었는가?

1) 한국사회의 급속한 변화에 따른 갈등 급증

대한민국 내에 존재하는 다양한 모순과 구조적 문제점들이 반대세 좌익세력을 생성하고 활성화하는 요인으로 작용해 왔다.

단기간 고도 압축성장의 후유증

우리나라는 1960년대 이후 단기간 급속한 고도성장, 압축성장을 이루었다. 우리 사회는 고도성장과정에서 잘 살아야겠다는 의욕은 좋으나 그 과정에서 부동산 투기 과잉, 정경유착, 도시개발에 따른 빈민들의 집단화(청계천 개발로 성남으로 집단 이주 등)로 빈민들의 불만 지역화 등 문제들이 누적되었다. 이러한 문제점을 빌미로 좌익운동권이 세력을 점점 넓혀간 것이다.

권위주의 정치환경과 민주화 열기의 마찰

우리나라는 정치적으로도 장기간 권위주의체제(군사독재)를 유지해 오면서 자유민주주의 요구들이 충족되지 못한 상황들이 다수 발생했다. 특히 1970년 중반 박정희 정부의 유신체제 아래서 그런 현상이 많이 발생했고, 특히 1980년대 전두환 정부에 들어와서 민주화의 요구가 폭증하면서 마찰 정도가 심해졌다. 그런 시대적 상황에서 좌익세력들의 침투와 학생들의 불만이 결합한 것이다.

사회적 갈등을 유발하는 역사적 경험

우리나라는 좌익세력이 활용하기에 좋은 역사적 소재들을 많이 가지고 있다. 일제 식민통치를 경험했고, 해방 후 좌·우익 세력 간 갈등을 겪었으며, 남북이 분단되었다는 점도 있다. 또한, 6·25전쟁 당시 남한 좌익세력은 북한군과 합세하여 마을의 우익들을 학살하는 등 반역적 행동을 했고, 전세가 역전된 후에는 한국 정부에 의해 전쟁범죄로 처벌을 받기도 했다. 이러한 사상갈등에 대한 역사적 경험은 좌익세력이 배태되고 배양되는 토양 역할을 했다. 남북분단이라는 역사적 사건과 북한의 지속적인 대남공작 등도 좌익세력이 득세한 큰 요인으로 작용하고 있다.

대한민국의 사회적 부패 등 약점도 한몫

우리나라는 그간 정치계 · 관계 · 경제계 등 각 분야 지도층 인사들이 모범적 모습보다는 분열과 갈등, 정경유착 등 부패한 모습을 자주 보여왔다. 좌익세력은 이러한 약점을 집중공격하여 국민의 반감과 불만을 부추겨서 지지세력을 넓힌 것이다.

2) 자신과 가족의 과거 경험

인간은 살아오면서 자신과 가족들이 겪은 경험들이 자신의 사상과 행동을 결정하는데 중요한 요소로 작용한다. 1968년 통혁당사건, 1974년 인혁당재건위사건, 1979년 남민전사건 등 각종 좌익사건 관련자들 경우도 상당수가 자신이나 가족들이 과거 빨치산 · 좌익활동 전력자들이었다. 현재 좌익운동권 활동가들도 1970년대 반유신 투쟁을 했거나 1980대 반정부 학생운동을 했던 사람들이 주류를 이루고 있다. 이들은 반정부 시위를 통해 저항의식을 갖게 되었고, 구속 · 구류 등을 경험하면서 반정부 · 반국가적 관념을 내면화한 것이다.

3) 경제적 빈곤 등 소외의식

1980년대 주사파 등 좌익운동권에서 활동한 사람들을 보면 일부 부유층 집안 출신들도 없지 않았으나 가난한 집안 출신들이 많았다. 이들은 부모들이 열심히 노력해도 가난에서 벗어나지 못하는 것을 보면서, '뭔가 이 사회는 문제가 많구나' 라는 인식을 갖게 된다. 이런 상태에서 대학에 갔더니 운동권 선배가 친근하게 다가와 '모두 다 자본주의체제 때문이야' 라고 말하며 '사회주의체제가 되면 이런 소외와 차별이 없어진다' 라고 속삭이면 "그렇구나"라고 생각하며, 운동권으로 발을 들여놓게 된다.

4) 의식화 교육과 학습

첫째, 가장 중요한 것이 가정교육이다. 부모, 형제 등 가족 중 한 명이 좌익사상에 빠지게 되면, 자연스럽게 다른 가족에게도 전파된다. 특히 부모가 좌익사상을 가질 경우, 생활공간을 같이하는 자녀들에게 말과 행동 등을 통해 자연스럽게 복제된다.

둘째, 학교 교육은 학생들을 집단적으로 좌경화시키는 요인이다. 전국 11,500여 초 · 중 · 고등학교에서 매일 이루어지는 수업이 큰 영향을 미친다. 좌편향 교과서와 좌익 · 좌경 교사들의 가르침이 학생들에게 스펀지처럼 흡수된다. 1948년 제주4 · 3사건 때도 좌익교사들의 역할이 컸는데, 제주4 · 3사건을 일으킨 김달삼도 제주 대정중학교 사회교사였다. 건국 직후인 1948년 10.19 여수14연대반란사건 때도 여수 · 순천지역 좌익교사들의 영향을 받은 여중생들의 악행이 많았다.

5) 인간의 심리적 구조와 유유상종 인간관계

사람은 좌익사상을 처음 접할 때 하나의 지식이나 감정에 불과하지만 그 관념과 유사한 지식은 수용되고, 충돌되는 지식은 배척되는 등 선택적 수용과정을 통해 좌익적 세계관이 구축된다. 인간은 한 번 사회주의 사상이 머릿속에 장착되면 이에 부합하는 지식은 수용되지만, 부합되지 않는 지식은 튕겨져 나간다. 자신의 사상과 일치하면 대화를 많이 하게 되지만, 일치하지 않으면 사사건건 부닥치고 불편해져서 순조로운 대화가 이루어지지 않는다. 그래서 사상이 같은 사람하고만 대화를 하게 되고, 자신의 사상이 더 견고해지고 더 편향성을 띠게 되는 것이다. 그런 탓으로, 한번 장착한 사상은 평생을 두고 지속되는 것이다.

03 반대세 좌익세력의 특징

(1) 반대세 좌익세력은 대한민국 국민인가, 내부의 적인가?

반대한민국세력이니 종북세력이니 하는 말에 대해 궁금증이 생긴다. 이들은 대한민국 국민인가? 아니면 대한민국의 적인가? 좀 사상이 다르다는 이유로 '내부의 적'이라고 하는 것은 너무 심한 것은 아닐까?

종북세력이란 북한 정권을 추종하고 대한민국을 무너뜨리고 북한체제로 통일하려는 세력을 말한다. 이적단체로 판결을 받은 단체에 속한 한 구성원이 북한에 보낸 충성맹세문을 보자.

"위대한 영도자 김정일 동지 탄생 62돌을 맞으며 우리의 가슴마다는 위인을 모신 긍지와 자부심으로 설레이는 감동의 물결이 한없이 출렁입니다. … 어디에 계십니까, 그리운 장군님. … 우리는 위대한 김정일 장군님께 대한 붉디붉은 그리움을 심장에 간직하고 기쁨과 행복에 젖어 새로운 각오와 결의를 다집니다.

아직 북송(北送)되지 못한 장기수 선생들이 우리 주변에 계십니다. 위대한 수령님과 위대한 장군님께 대한 충성의 관점에서 장기수 선생들을 잘 모셔야 합니다.

그리운 우리 장군님, 장군님 품이 그립습니다. 남녘 민중도 자애로운 장군님 사랑의 품에서 복락을 누릴 그날만을 고대합니다. 아, 누구란 말이냐! 그리운 우리 장군님과 남녘 민중을 갈라 놓은 놈이 누구란 말이냐! 승리의 날이 멀지 않았습니다. 장군님께서 손저어 부르십니다. 어서 오라! 어서 오라! 나의 아들, 딸들아! 나의 동포들아!"

이들은 대한민국 국적을 가지고 있고 주민등록증도 있어, 외형적으로 보면 대한민국 국민이다. 이러한 사상을 가진 사람이 위험한 이유를 군대의 사례로 이해해보자.

김충배 육사교장은 2004년 12월 육사 가입교생들을 대상으로 "주적" 개념에 대한 무기명 설문조사를 했다.[7] 미국을 주적이라고 대답한 학생이 34%, 북한이 주적이라고 대답한 학생이 33%로 나왔다. 심각한 대적관 혼동인 것이다. 김충배 교장은 '큰일 났구나' 생각하면서 생도들을 강당에 모아 놓고 우리 조국의 근대화과정에서부터 오늘에 이르기까지 피와 땀을 흘린 할아버지, 할머니들의 노고를 이야기했고, 강당을 메운 생도들은 곳곳에서 눈물을 흘렸다. 김충배 교장은 새로운 역사교재 등을 만들어 육사생들을 교육시킨 결과, 졸업할 때는 전원 올바른 대적관을 가졌다고 한다.

이렇듯, 군에서는 대적관 교육을 중시하는데, 왜 이것이 그렇게 중요한가? 군내에 대적관이 흔들린 장병이 있으면 무슨 문제가 생긴다는 말인가?

북한군이 대한민국의 휴전선을 넘어 남침했을 경우를 생각해보자. 우리 국군은 이에 대응해 미군과 합동작전을 전개할 것

---

7) kosnas.net, "〈인터뷰〉 김충배 장군, 우리의 안보태세는 초비상이다", 2010.12.7.

이다. 이때 미군이 주적이라는 장병은 총구를 북한군에게 겨누지 않고 합동작전을 전개하는 우군인 미군에게 총구를 겨눌 것이다. 그러면 우리 방어선이 붕괴될 것이다. 아무리 무기가 좋아도 대적관이 흔들린 장병들이 내부에 있다면 군은 자멸할 수밖에 없다.

어떤 군 수사관은 자신이 경험했던 이야기를 했다. 한 종북 성향을 가진 장병을 체포해 수사하면서 이렇게 물어보았다고 한다.

"너는 북한군이 침략하면 북한군을 쏠 수 있겠느냐?"

"저는 쏠 수 없습니다"

"그러면 너의 내무반 동료를 쏠 수 있겠느냐?"

"못 쏩니다."

"왜 못 쏘나?"

"정이 들어서 못 쏩니다."

(그러면 정이 들지 않은 다른 중대원들은 쏠 수 있겠네.)

"그러면 누구를 쏘겠느냐?"

"저는 수사관님 같은 사람을 쏘겠습니다"

"허걱?!!@#$"

전쟁 때 이런 장병들이 함께 있으면 적과의 전투를 제대로 수행할 수 없다. 아군의 등 뒤에서 총을 쏘기 때문이다. 이런 장병들은 반드시 군에서 배제해야 한다. 적에게 향해야 할 총구가 동료나 우군에게 향할 수 있기 때문이다. 1950년 6 · 25전쟁 전인 1949년 동안 숙군작업을 통해 군병력의 1/10을 군에서 제거했던 것도 이런 자멸적 사태를 막기 위해서였다.

(2) 반대세 좌익세력이 사상 밝히기를 거부하는 이유

종북 · 친북 성향의 좌익세력은 북한의 통치자, 체제에 대한 질문을 받으면 다음과 같이 대응한다. "다음에 말하겠다"고 하거나 다른 내용으로 화제를 돌린다. 회피하기 어려울 경우, "아직도 빨갱이로 모느냐"며 반발한다. 질문 자체에 대해 "이분법적 색깔론이다", "이러한 질문 자체가 양심과 사상의 자유를 옥죄는 것이고 매카시적 공세이기 때문에 답변하지 않겠다"며 대답을 거부한다. 답변하더라도 동문서답식으로 하거나 횡설수설하여 논점을 흩트려 버린다. 이들은 때로는 "북한은 병뚜껑을 만드는 기술이 부족하더라"는 식으로 하찮은 사항을 슬쩍 비판하면서 예민한 질문에서 회피하는 방법을 쓰기도 한다.

2012년 4월 총선 직후인 5월 22일, MBC 주최 "100분 토론"이 열렸다. 한 여성 방청객은 이상규 통합진보당 국회의원 당선자에게 "북한 인권, 3대 세습, 북핵"에 대한 입장을 밝혀 달라고 요청했다. 이에 이상규 당선자는 "그러한 색깔론이 계속 재연되고 있다는 점에 대해서는 아주 유감입니다. ... 여전히 남아 있는 사상검증, 양심의 자유를 옥죄는 것이다"라며 대답을 회피했다.

정당은 정권을 장악하기 위해 모인 정치적 결사체이다. 정당은 국민들에게 표를 달라고 하기에 앞서 '우리에게 표를 주시면 이렇게 국가를 이끌겠습니다' 라고 비전을 제시해야 한다. '표를 주시되 우리가 어떻게 이끌든 묻지 마세요. 우리는 마음의 뜻을 밝히지 않을 자유가 있어요' 라고 할 수는 없는 것이다.

특히 대한민국 적화 목적을 한 번도 포기하지 않은 북한에 관한 것은 더욱 그렇다. 대한민국 미래가 걸린 매우 중요한 문제이기 때문이다. 대한민국 유권자들은 정치인들에게 북한에 대한 입장을 물을 권리가 있고, 당연히 물어야 한다. 그리고 정치인들은 분명히 밝혀야 한다. 거부할 자유가 없다. 거부하려면 선거에 나오면 안 된다.

(3) 반대한민국세력의 규모

현재 대한민국은 체제위기, 국가위기 정도가 심각한 상태인데, 그 이유는 대한민국에 존재하는 반체제세력 즉 반대한민국세력의 규모가 대한민국이 수용할 수 있는 범위를 크게 초과했기 때문이다. 양동안 교수는 "선박도 화물적재능력을 초과하면 침몰하게 되듯이, 국가도 그러하다. 반대한민국세력의 규모가 수용범위를 초과한 것은 이미 오래전인데, 그런데도 대한민국호가 침몰하지 않고 있는 것은 한미동맹이라는 고무튜브가 대한민국호 주변에 둘러쳐져 있기 때문이다"라고 말했다.

남베트남(월남) 멸망과 반체제세력

남베트남은 1973년 주월(남베트남 주둔) 미군이 철수한 후 2년 뒤인 1975년 3월, 남베트남은 북베트남의 공격을 받고 전투다운 전투도 해보지 못한 채 58일 만에 공산화되고 말았다. 이렇게 쉽사리 무너진 데는 반체제세력이 남베트남의 수용범위를 초과하고 있었기 때문이다.

남베트남 반체제세력의 규모는 어느 정도였을까? 이대용 전 주월남공사는 "월남 패망은 공산 프락치 때문이었다"는 글에서 보면, 약 5만 정도로 추산했고, 이들의 영향을 받아 좌경화된 국민 비율을 17% 정도라고 했다.

"남월(월남, 남베트남) 각계각층에 침투한 공산 프락치는 4만 9,500여명이었는데, 이중 북월(월맹, 북베트남) 공산당원이 9,500여명이었고, 남월 임시혁명정부(「남월민족해방전선」의 후신)에 소속된 인민혁명당원이 4만여명이었다. 이는 남월 총인구

의 약 0.25%에 해당한다. 그리고 이들에 동정적인 남월인(월남

인)은 총 인구의 약 17%로 판단되었다.8)

김일성, '1,000명의 혁명전사만 양성하면 남한혁명 가능하다.'
주사파 김영환은 1991년 강화도에서 북한의 대남공작선을 타
고 올라가 김일성 집무실에서 2차례 직접 면담을 하였다. 이때
김일성은 '1천 명의 혁명 전사만 양성하면 남한혁명은 성공한
것이나 다름없다' 고 말했다는 것이다.

"남조선 인민들이 투쟁에 나서지 않는 것은 남조선이 미국의
식민지라는 사실을 모르고 있기 때문이다. 남조선이 미국의 식
민지라는 사실을 인식하는 사상이 중요하다. 남조선이 미국의
식민지라는 사실을 폭로하는 운동을 전개해야 한다. 무엇보다
도 사상이 중요하다. 남조선 인민들 1천 명만 주체사상으로 무
장시키면 남조선 혁명은 이룩한 것이나 다름없다."〈우태영, "82
들의 혁명놀음", 도서출판 선, 2005, 202쪽.〉

---

8) 이대용, "월남 패망은 공산 프락치 때문이었다"(민족정론, 1997.1)

반체제세력을 관용하는 국민의 규모

통합진보당은 당권파의 주도인물 이석기가 RO사건으로 내란 선동죄로 9년 형을 선고받은 데 이어 2014년 12월 헌법재판소로부터 위헌 정당으로 해산판결을 받았다. 헌재 판결 직후인 12월 22일 중앙일보가 국민여론조사를 실시했는데, 통진당 해산 매우 반대 11.6%, 대체로 반대 12.1%로, 해산 반대의견이 총 25%로 나타났다. 이로써 반체제세력에 대해 관용적 태도를 보이는 국민의 규모가 1/4 정도에 달한다고 볼 수 있다. 이 정도의 규모는 남베트남이 공산화될 때 국민의 좌경 비율을 훨씬 능가하는 것이다.

반체제세력, 소수라도 혁명 가능하다

적은 수의 반체제세력이라도 얼마든지 혁명을 성공시킬 수 있다. 왜냐하면, 혁명가들의 능력이 대단하기 때문이다. 1당 백, 1당 천, 1당 만이다.

양동안 교수는 세계 공산혁명 사례연구를 통해 소수의 혁명세력에 의해서도 얼마든지 혁명이 가능하다는 것을 증명했는데[9] 그는 우리나라의 경우까지 분석하여 세계에서 공산화된 다른 나라

---

9) 양동안, 『벼랑 끝에 선 한국의 자유민주의』(인영사, 2017), pp132-133.

의 사례보다 현재 훨씬 더 반체제세력의 규모가 크다고 강조했다. 2014년 반체제 정당으로 인정돼 헌법재판소에서 해산된 통진당의 당원이 3만 3,000명이었다는데, 이는 인구 5,000만 명의 0.066%나 되며, 득표율은 전체의 5.7%(2008년 총선에서 민노당이 획득한 득표율)나 되었다. 당원수의 면에서는 혁명 직전의 러시아 볼셰비키 당원 수보다 4배나 많고, 득표율 면에서는 그루지아공산당이 1918년 총선에서 획득한 득표율보다 2배나 많다.

04 반대세 좌익세력이 정권을 잡는 방법들

대한민국은 자유민주주의 사상을 토대로 건국된 우익의 나라이며, 이를 긍정하는 대한민국세력의 나라이다. 공산주의, 사회주의 사상을 금지하는 국가보안법이 존재하고 있는 나라이다. 그러나 어느 틈엔가 주사파 등 좌익세력, 즉 반대한민국세력이 서서히 세력을 넓혀가 대한민국 정권마저 장악했다. 그것도 선거를 통해서 말이다. 반대한민국세력이 어떤 기기묘묘한 전략전술로 그러한 결과를 획득했을까?

(1) 반대세 좌익세력의 통일전선전술

통일전선전술이란 레닌이 창안한 공산당의 핵심전술로서, 공산당세력만으로는 적을 1대 1로 타도할 수 없을 때 협조 가능한 비공산세력들을 일시 제휴하여 적대세력을 하나씩 차례로 타도하여 공산당이 주도권을 장악하는 공산주의 혁명전술이다. 비록 일시 제휴할 세력이 정치적 사상이나 투쟁목적을 달리하더라도 투쟁 대상만 같으면 일단 공동전선을 펴서 그 적을 타도한다는 것이다. 혁명에 성공한 후에는 비공산세력들을 하나씩 제거하는 것이다.

레닌이 러시아를 혁명에 성공할 때도 사용했고, 제2차 세계대전 과정에서 동유럽 즉 폴란드, 헝가리, 동독 등을 사회주의, 공산주의체제로 변혁할 때도 가장 많이 사용했던 전술이다.

대한민국 내 좌익세력은 특히 2000년대 이후 정권을 장악하기 위해서 통일전선전술을 적극 활용했는데, '진보대통합'과 '반보수대연합'이 그것이다. '진보대연합'이란 사회주의 성향의 세력, 즉 이른바 '진보세력'을 통합하여 세력을 확장하는 1단계 통일전선전술이다. '반보수대연합'이란 진보대연합으로 진보세력을 확장한 후 이를 근거로 중도세력을 끌어안아, 보수세력을 고립시키고 최종 승리하는 2단계 통일전선전술이다.

(2) 반대세 좌익세력의 용어전술 등 프레임전술

1) 용어전술 등 프레임전술

반대세 좌익세력은 대중들의 지지를 얻기 위해 자신들에게 유리한 용어 프레임전술을 구사한다. 물방울이 바위를 뚫듯, 반대세 좌익세력은 자신들에게 유리한 용어를 선점하고 1년, 5년, 10년 장기간 대중들이 사용하도록 한다. 대중들은 그 용어를 사용하는 사이에 자신도 모르게 반대세 좌익세력의 의도대로 그들이 만든 프레임에 갇혀 그들이 원하는 방향대로 행동하는 것이다. 반대세 좌익세력이 사용하는 용어 프레임전술을 알아보자.

첫째, 반대세 좌익세력은 실제 용어가 갖는 개념과 전혀 다른 뜻으로 사용함으로써 용어의 개념을 혼란시켜 놓는다. 레닌이 "용어를 혼란시켜라"라는 전술에 따른 것이다. 이 용어혼란전술에 사용되는 용어에는 진보 · 민주 · 민중 · 민족 · 평화 · 통일 · 자주 · 양심수(구속 간첩과 좌익사범 의미) 등이 대표적이다.

둘째, 반대세 좌익세력은 대세 우익세력에게 나쁜 이미지의 프레임을 씌워 내부 분열을 조장하기 위해서도 용어혼란전술을 구사한다. 대세 우익세력을 향해 수구세력, 냉전세력, 반통일세력, 전쟁세력, 친일세력, 친미세력, 반민족세력, 반동세력, 파쇼정권, 반민주세력, 독재세력, 반민중세력, 미국의 괴뢰(꼭

두각시)정부, 사대매국세력 등으로 매도하는 것이 그것이다.

2) 주요한 용어혼란 사례 분석

'진보'는 좌익사상, 진보세력은 좌익세력 의미

진보는 사회주의, 공산주의 사상을 의미하고, 진보세력이란 사회주의, 공산주의를 지향하는 세력을 의미한다. 이는 자유민주주의, 시장경제체제(자본주의체제)를 무너뜨리고 사회주의, 공산주의체제로 변혁하는 것이 역사의 진보라는 마르크스 사상에 따른 것이다.

따라서, 북한은 물론 민노당, 통합진보당 등도 '진보', '진보적 민주주의' 등의 용어를 수없이 사용했다. 우익의 나라인 대한민국에서 좌익이 정권을 장악하는 기적을 이룬 가장 효과적 방법은 보수-진보 프레임을 퍼트려, 젊은 세력을 우군화하는 것이다.

'민주'는 민중민주주의(인민민주주의)의 민주

대한민국세력이 사용하는 '민주(民主)'란 말에서 민(民)이란 국민 전체를 지칭한다. 부자든 가난한 자든, 지위가 높든 낮든 모두가 같은 국민이란 의미다. 반대세 좌익세력이 사용하는 '민주'(民主)란 말에서 민(民)이란 민중(民衆) 또는 인민(人民)이란 의미이다. 인민이란 전체 국민을 의미하는 것이 아니고, 노동자 · 농민 등 하층계급만을 의미한다. 자본가 · 지주 · 부유층 등은 제외한다. 이러한 '민'의 개념을 가진 민주주의를 '인민민주주의' 또는 '민중민주주의'라고 부른다.

'민족'도 북한을 옹호하는 개념으로 사용

반대세 좌익세력은 '민족', '민족주의' 용어를 다양한 목적으로 활용하고 있다. ▷북한을 옹호하고('우리민족끼리'), ▷남한에 종북 · 친북 세력을 확대시키고('우리는 같은 민족으로 하나다') ▷미군을 철수시키고('민족 자주를 위해 외세는 물러가라'), ▷북한의 위협에 대해 국민 안보의식을 둔감하게 하고('북핵 · 미사일도 통일이 되면 우리 것인데', '설마 우리에게 쏘겠어? 동포인데') ▷국제적인 유대관계를 중시하는 우익 · 우경세력을 공격하는 수단('친일 반민족세력이다')으로 이용하는 것이다.

'평화'란 '전쟁 없는 상태' 아니다

대한민국세력은 평화 개념을 '전쟁이 없는 상태'로 이해한다. 그러나 북한과 반대세 좌익세력은 평화 개념을 '자본주의가 말살된 상태', '미군 철수와 남한의 공산화' 등을 의미하는 것으로 사용한다.

북한과 문재인 정권은 지속적으로 정전협정을 평화협정, 종전협정으로 바꾸려 하고 있다. 정전협정이란 6 · 25전쟁이 아직 끝나지 않고 휴전 중임을 의미하는 개념인데, 종전협정으로 바꾸는 순간 6 · 25전쟁이 종결되었다는 의미가 된다. 이렇게 되면, "6 · 25전쟁이 끝났으니, 미군이 더이상 주둔할 필요가 없다. 주한미군은 철수하는 것이 마땅하다"는 논리를 만들기 위한 목적이다. 남베트남에서 미군이 평화협정을 맺은 후 철수한 전철을 밟도록 하려는 의도다.

'통일'은 북한식 연방제통일 의미

북한과 반대세 좌익세력은 '통일 통일'을 외치는데 이는 북한체제로의 통일, 즉 북한이 제시하는 '연방제 통일'을 의미한다. 그들은 북한체제로의 통일을 정당화하기 위해 '북한이 자주 · 민주 · 민족정권으로서 정통성이 있는 데 반해, "남한은 미제국주의의 신식민지, 친일 반민족정권, 반민주 파쇼정권"으로 정통성이 없다'는 논리를 내세운다.

이러한 결론에 따라, 반대세 좌익세력은 '통일에 방해가 되는 미군을 철수시키고 국가보안법과 국정원 수사권 등 반민족 · 반통일적 제도를 폐지할 것을 주장한다.

'자주화'는 주한미군 철수 등 반미를 의미

북한과 반대세 좌익세력은 한국을 미국의 신식민지로 보고 주한미군 철수 등 한미동맹을 해체하는 것이 민족자주를 이루는 길이라고 주장한다. 그래서 "한미동맹 해체, 즉 주한미군 철수 요구는 자주적 민주정부(종북정권 의미)를 수립하기 위한 것"이라고 밝히는 것이다. 그러니까 이들이 말하는 자주란 북한식 개념으로서, 북한체제 통일에 방해되는 장치들을 없애는 것을 의미한다. 그들의 문건에 등장하는 '자주'라는 용어를 우리식으로 해석하면 절대로 안 되는 이유이다.

3) 반대세 좌익세력, 다양한 프레임으로 대중들 끌어가기

반대세 좌익 · 좌경세력은 대중들을 자기편으로 끌어들이는 방법을 다양하게 사용하고 있다. 수많은 낚싯대를 드리워 물고기를 낚아 자기 바구니에 넣는 것과 유사하다. 보수–진보, 전쟁–평화, 독재–인권, 통일–반통일, 친일–반일 등 온갖 프레임을 제시하고 어느 하나라도 동의하면 자연스럽게 이른바 "진보텐트" 속으로, 즉 반대세 텐트 속으로 들어가는 것이다.

반대세 좌익 · 좌경세력은 역사적 인물에 대한 이미지를 통해 국민들을 자기편으로 끌어들이는 방법을 쓴다. "이승만은 정읍발언을 통해 단독정부를 주장해 민족분단을 시켰다", "이승만은 친일파 청산을 하지 않았다", "이승만은 독재자다" 등 이승만 초대대통령을 부정하는 프레임을 통해 동의하는 국민들을 자연스럽게 반대세 좌익그룹에 들어가도록 한다.

"박정희도 독재자다", "전두환은 5·18 학살자다" 등 우익·우경 정치지도자들에 대한 나쁜 정치프레임을 퍼트리고 이에 동조하는 국민들을 자기편으로 끌어들인다. 반대로 좌익·좌경 인물들에 대해 우호적 평가 프레임을 통해 동조하는 국민들을 자기편으로 끌어들이기도 한다. 이를테면, "김일성은 독립운동가", "신영복은 존경할 사상가", "김원봉은 국군의 뿌리"라는 발언 등이다.

주사파에서 전향한 강길모씨는 운동권 선배들이 후배들을 유혹하는 도구로 역사문제를 활용한다며 다음과 같이 언급했다.

"1980년대 중반 이후 대한민국의 대학사회는 자연스럽게 '위대한 수령 김일성 동지를 외치는 주체 빨갱이들을 양산할 수 있는 구조와 문화가 만들어져 있었습니다. 처음에 의식화 교육을 받을 때 주로 선배들이 유혹하는 첫 미끼는 역사문제였습니다. … 결국, 우리가 사상전을 통해서 좌파를 제압하기 위해서는 역사투쟁이 매우 중요합니다. 특히 80, 90년대에 집중적으로 양산된 대한민국 좌파세력들이 RP작업이라고 하는, 후배들을 키우는 과정의 주요한 매개가 역사문제였습니다. '김일성은 나쁜 놈, 우리나라는 좋은 나라'로 알고 대학에 갔는데, 운동권 선배가 다가와 '네가 지금까지 알고 있던 대한민국의 역사는 거짓의 역사다.… 김일성 장군님을 남한에서는 건달 김성주라고 왜곡 선전하고 있지만 실제 독립운동사에서 이름을 널리 알리던 장군이었다'고 하면서 외국사람이 쓴 책을 보여줍니다. 그 책을 보면, 김일성이 실존인물이었다는 등의 이야기가 나옵니다. 그것을 통해서 '진짜 역사가 이런 것이구나. 그동안 대한민국의 민주화를 가로막은 군사독재세력에 의해서 눈이 가려지고 귀가 막혀있었구나'라고 자조하면서…."

반대세 좌익 · 좌경세력은 대한민국 건국, 호국, 부국(산업화) 과정에서 일어난 다양한 사건들(제주4 · 3사건, 국민보도연맹사건, 전태일사건, 5 · 18사건, 6 · 10항쟁 등)에 대해 왜곡하거나 나쁜 면만 부각하는 방법으로 국민들에게 반대한민국적 프레임이 심어지도록 하여 반대세 텐트 속으로 끌어들이는 방법을 쓰기도 한다.

그 뿐 아니다. 부르주아-프롤레타리아, 재벌-중소기업, 자본가-노동자 등 마르크스적 프레임도 있다. 최근에는 네오막시즘 노선에 따라 복지(무상급식 등), 환경(원전폐기 등), 성별(동성애 등), 인종(인종차별 금지 등), 종교(종교차별금지 등) 등 다양한 주제로 정치·사회적 갈등·대립 프레임을 만들고 이에 동조하는 국민들을 자기편으로 끌어들이는 수법도 사용한다. 이렇듯, 반대세 좌익·좌경세력은 수많은 낚싯대를 드리워 놓고 하나라도 걸리면 그들의 텐트 속으로 들어가도록 하는 것이다.

(3) 반대세 좌익세력의 반미 프레임

반대세 좌익세력은 오래전부터 반미운동을 통해 한미동맹을 약화시키고 미군철수 분위기를 조성해 왔다. 예를 들면 윤금이 사건 등 미군범죄사건, 의정부 여중생 미군장갑차 압사사건 계기 반미 촛불시위, 평택기지 이전사업 반대시위, 한미FTA 체결 반대시위, 이라크파병 반대시위, 부시 미대통령 방한 반대시위, 미쇠고기 수입반대 촛불시위(광우병 촛불시위), 사드배치 반대시위 등 반미감정을 자극할 수 있는 계기가 생길 때마다 반미투쟁을 전개해 왔다.

1) 반대세 좌익세력의 반미운동 뿌리

반대세 좌익세력의 반미운동은 뿌리가 매우 깊다. 해방공간에서 소련군사령부 · 김일성과 남한 좌익세력은 사회주의 정부를 구성하기 위해 미군 철수를 지속적으로 주장했다. 1980년대 반미운동이 폭증한 것은 1980년대 중반 주사파 좌익운동권의 확산과 맥을 같이한다.

2) 반대세 좌익세력의 '반미' 주장 허구성

여기서는 반대세 좌익세력의 반미 주장의 허구성을 하나씩 살펴보기로 한다.

첫째, 반대세 종북 · 친북 좌익세력은 '38선을 그어 남북분단의 단초를 제공한 것은 미국이다' 라고 주장한다. 그러나 분단의 단초는 소련군의 북한지역 진주에서부터 찾아야 한다. 소련군의 북한 진주야말로 남북분단의 서곡이었다.

둘째, 반대세 종북·친북 좌익세력은 '미국은 6·25전쟁 시 노근리양민학살 등 무고한 양민들을 학살하였다'고 주장한다.

6·25전쟁에서 미군에 의한 민간인 학살문제는 1990년대에 본격적으로 제기되었다. 대표적인 사례가 6·25전쟁 초기에 충북 영동에서 일어난 '노근리사건'이다. 노근리사건이란 6·25전쟁 개시 1달 뒤인 1950년 7월 말 미국 제1기병사단 소속 부대가 충북 영동군 황간면 노근리 인근 경부선 철로 위에서 전투기에 의한 포격과 기관총 사격을 한 데 이어 쌍굴다리에 모인 피난민들을 향한 총기 사격을 가해 다수의 사상자(300-400여 명설, 확인자는 182명)를 낸 사건이다.

그렇다면, 미군이 아무 이유도 없이 피난민들을 공격한 것일까?

당시 북한군은 강력한 군사력으로 남하를 했고 이를 방어하려는 미군조차도 북한군의 공세를 막지 못하고 후퇴를 거듭하고 있었다. 북한군은 대전을 점령한 후 7월 말 충북 영동에 이르렀다. 북한군은 피난민 복장을 하고 피난민 속에 숨어서 탄약이나 무기를 수송하거나 유엔군의 위치나 작전 정보를 수집하는 첩보활동을 하기도 하고, 유엔군에게 직접 총격을 가하기도 했다.

노근리사건을 일으킨 해당 부대의 7월 24일 자 전투일지를 보

면, 당시 미군 부대들이 피난민 문제로 얼마나 골머리를 앓았
는지를 잘 알 수 있다.

> "피난민 통제는 어려운 문제였다. 누구도 무고한 인민을 사살
> 하길 원치 않았다. 그러나 전통적 흰옷을 입은, 피난민으로 보
> 이는 많은 무고한 사람들은 달구지로 탄약과 중무기를 나르고
> 등에는 군사 장비를 짊어진 북한 군인들로 밝혀졌다. 그들은
> 자주 군복에서 민간인 복장으로, 다시 민간인 복장에서 군복으
> 로 갈아입는 것이 목격되었다. 조사가 불가능한 수많은 피난민
> 들이 있었다. ... 사단은 이들의 이동은 낮 10:00~12:00에만
> 허용되며 어떤 소달구지, 트럭, 민간인 차량의 도로 운행도 허
> 용되지 않는다고 명령하였다."10)

미군의 휴먼 스토리

미군 등 유엔군이 6 · 25전쟁 중에 인간애를 보여준 사건들도
많다. 중공군이 참전한 직후 일어난 흥남철수사건이 대표적
이다.

---

10) 박명림, 『한국 1950 전쟁과 평화』(나남, 2009), pp331-332.

유엔군과 한국군은 인천상륙작전(1950.9.15.)과 38선 돌파(10.1)
이후 북진을 거듭하여 1950년 11월경에는 통일이 눈앞에 왔다
고 생각했다. 이때 30만 중공군은 10월 말부터 11월까지 몰래
압록강을 건너와 숨어 있다가 11월 말 드디어 유엔군에게 대대
적인 공습을 감행하였다. 장진호(개마고원 북부의 큰 호수) 부근에
서 전투하던 미 해병 1사단, 미 육군 7사단 31연대 등 유엔군은
6배 이상이나 많은 중공군으로부터 포위를 당해 퇴로가 차단
당했으며, 육로 후퇴가 불가능한 상태에 이르렀다. 유엔군사령
관 맥아더 장군은 북동부에서 전투하던 유엔군과 한국군에게
흥남항으로 진군하여 해상으로 철수할 것을 명령하였다. 미해
병 1사단, 미육군 7사단 31연대 등 유엔군은 영하 30도를 오르
내리는 혹한 속에서 얼어 죽거나 전사하고 중공군의 포위망을
뚫기 위해 고초를 겪으면서도 유엔군을 따라 남쪽으로 내려가
려는 수천명의 북한 피난민들을 호위하며 흥남항까지 함께 갔
다. 흥남항 부두에는 다시 공산 치하에서 살 수 없다며 각지에
서 몰려든 피난민들이 30만여 명에 이르렀다.

흥남철수작전을 수행하던 알몬드 군단장 등 미군 지휘관들은
한국정부와 협의 하에 유엔군 · 한국군 등 군인들과 전투 장비
들을 철수하는데 그치지 않고, 피난민들도 수송하기로 하였다.
미군지휘부는 9만 8,100명에 이르는 피난민들을 수송선에 나

뉘 태워 부산·거제 등 남해안으로 무사히 이송시켰다. 1950년 12월 24일, 가장 마지막으로 흥남항을 떠난 미국상선 『메러디스 빅토리아호』는 쏟아지는 중공군이 쏜 포화 속에서도 '부두에 남아 있던 피난민을 한 사람도 빼지 말고 모두 배에 태우라'는 "레너드 라루" 선장의 지시에 따라, 피난민들을 빼곡히 1만 4,000여 명이나 태워 '한 척의 배로 가장 많은 생명을 구한 세계기록'으로 기네스북에도 2004년 등재되었다. 유엔군은 피난민을 태우느라 400여 톤의 다이너마이트와 227톤의 폭탄, 200여 드럼의 휘발유를 적재하지 못하고 흥남부두에 쌓은 후 폭파할 수밖에 없었다. 북한 주민들이 승선하는 것을 방어하는 과정에서 중공군으로부터 공격을 받아 다수의 미군이 사상하기도 했다.[11]

3) 미국이 대한민국에 준 도움

우리나라는 1970년대까지만 해도 세계에서 미국에 가장 우호적인 친미국가였다. 그러나 1980년대 좌익운동권 확산과 더불어 반미운동이 거세게 일어나면서 달라졌다. 1980년대 말-90년대 초 대학교에서 좌익운동권 학생들은 일반 대학생들에게

---

11) 안재철, 『생명의 항해』(자운각, 2008), pp278-281.

반미감정을 자극하기 위해 학생들이 다니는 정문 입구 도로 위에 성조기를 그려놓았다. 등교하는 학생들은 누구나 성조기를 밟고 지나도록 하여 무의식중에 '미국은 짓밟혀야 마땅한 나라' 라는 의식을 갖도록 유도한 것이다.

주사파 등의 반미운동은 2000년대 들어 반미 촛불시위로 이어졌다. 이러한 반미운동의 영향으로 국민들이 그동안 미국으로부터 받았던 고마움을 잊고 있다. 우리 국민들은 1970년대까지만 해도 친미국가임을 자랑스러워했다. 미국이 일본을 항복시켜 우리 민족을 해방시켜 주었고, 자유민주주의 대한민국을 건국해 주었으며, 6·25전쟁 때 참전하여 공산화를 막아주었기 때문이었다. 그래서 항상 미국에 대해 피를 나눈 형제, 혈맹이라고 표현하였다.

사실 우리 민족이 일본으로부터 해방된 것은 미국 때문이었다. 미국이 태평양전쟁에서 일본을 항복시키지 못했다면 우리 민족은 일본의 식민지로부터 해방될 수 없었다. 태평양전쟁 당시 일본군의 전투력은 대단했는데, 전투기는 7만 6천 대, 항공모함 18척, 군병력은 수백만이었다. 우리 임시정부는 1941년에 가서야 처음으로 군대(광복군)를 보유했고, 그것도 수백 명에 불과했다. 일본과 대결하여 전투할 상황이 아니었다.

일본이 항복한 결정적 계기는 미국의 원자폭탄 투하였다. 미군이 8월 6일 히로시마, 8월 9일 나가사키 두 곳에 원자폭탄 2발을 투하하여 수십만 명이 사망하고 도시 전체가 초토화되자, 일본 천황은 전의를 상실하고 바로 항복하였다.

또한, 미국은 3년간 미군정을 운영하면서 통일정부를 구성하려 노력했다. 소련의 방해로 실패는 했지만, 유엔을 통해 자유민주주의 대한민국을 수립해 놓고 1949년 6월 완전히 철수했다. 미국은 대한민국이 1950년 6월 6·25전쟁으로 공산화 위기에 처하자, 즉시 참전하여 공산화를 막아주었다. 미국 트루먼 대통령은 미 지상군의 신속한 참전을 결정했고, UN으로 하여금 한국전 참전 결정을 유도했다. 미국측 자료에 따르면, 사실 미군은 6·25전쟁이 발발한 지 불과 10일 뒤인 1950년 7월 4일 일본에 주둔하던 스미스대대가 참전하면서부터 휴전협정이 조인될 때까지 3년 동안 연인원 175만 명이 참전했다. 이중 5만 4천여 명이 목숨을 잃었고, 10만 3천여 명이 부상당했으며, 8천여 명이 실종되었다. 미군 장성의 아들들도 142명이나 참전해 35명이 목숨을 잃었고, 아이젠하워 대통령 아들도 육군 소령으로 참전하였다. 트루먼 대통령도 6·25전쟁에 너무 많은 미국 젊은이들이 희생당했다는 이유 등으로 국민으로부터 많은 비난을 받았다. 그리고 후임 아이젠하워 미국 대통령도 다시는 이런 전쟁을 치르지 않겠다는 뜻에서 "Never again

Korea"를 토로했었다.

용산에 있는 전쟁기념관에 가면 6·25전쟁에서 죽은 유엔군의 이름이 동판에 새겨져 있는데, 그 동판 전시물 위쪽 벽에는 다음과 같은 글귀가 있다. "전혀 알지도 못하는 나라, 한 번도 만난 적이 없는 국민을 지키라는 부름에 응했던 그 아들·딸들에게 경의를 표합니다." 이 문장은 워싱턴 DC에 있는 「한국전 기념공원(Korean War Veterans Memorial)」에 있는 명문장을 인용한 것이다.

6·25전쟁 수행 비용은 대부분 미국이 부담하였다. 6·25전쟁 기간 동안 쏟아부은 무기들(비행기·장갑차·전함·탄약 등)은 물론 참전한 유엔군들이 사용한 물자들(전투복·식사 재료 등), 한국군의 보급품까지도 대부분 미국이 부담하였다.

미국은 전쟁 후에도 가장 많은 것을 지원한 최대 원조국이었다. 당시 국토는 완전히 잿더미 상태였고 국민의 20-25%가 굶주림 상태였다. 이때 미국은 국제기구 등을 통해서도 지원하게 했고, 미국 자체적으로도 1953년에서 1961년까지 20억 달러 이상을 무상으로 원조해 주었다. 특히 학교에 등교하면 학생들에게 미국원조품으로 만든 우유가루, 빵 등을 나누어 주었는데, 그래서 어린 학생들의 뇌 발달이 정상적일 수 있었다는 주장도 있다.

반미세력들은 미국의 잉여농산물이 들어오자 쌀값이 폭락하여 농민들의 생활이 어려워지고 농촌을 황폐화시켰다는 식으로 매도한다. 6·25전쟁으로 전국이 초토화되고 굶주림에 허덕이는 상황을 전혀 고려하지 않은 논리다. 미국은 잉여농산물 판매대금을 한국의 국방비로 사용토록 하여 대한민국 국방력을 키우는데 크게 기여하였다. 이로 인해 6·25전쟁 당시 8개 사단 10여만 명에 불과했는데, 1954년 20개 사단 65만 명으로 증가하였다.

(4) 반대세 좌익세력의 반대한민국 역사프레임

현재 우리 사회에서는 신문 기사와 방송, 교과서, 동화책, 소설, 영화, 드라마 등 온갖 매체를 통해 반대한민국적 역사 프레임이 넘쳐나고 있다. 특히 1945년 8월 해방에서부터 대한민국이 건국된 1948년 8월까지 3년간의 해방공간에서 일어난 사건에서 왜곡이 제일 심하다. 해방공간 역사적 왜곡은 1979년부터 발간한 『해방전후사의 인식』(6권)과 1988년부터 발간한 『다시 쓰는 한국현대사(약칭 다현사)』(3권) 등의 영향이 크다. 이 책들은 북한사관, 반대한민국사관에서 쓴 현대사로서, 586세대 대학생들의 필독서였다. 이 역사관을 장착한 586세대가 사회로 진출하여 학자, 언론방송인, 교사, 소설가, 드라마작가 등으로 활동하면서 그러한 반대한민국적 역사관이 우리 사회의 보편적 역사관으로 자리 잡은 것이다.

이러한 반대한민국적 역사관의 핵심은 '남북 분단책임이 대한민국에 있다.', '대한민국은 친일파 청산을 제대로 하지 않았다' 등의 논리로 "대한민국은 태어나서는 안 될 나라다"라는 결론을 도출하는 것이다. 이로써, 대한민국의 역사적, 민족적 정통성을 부정하는 한편 북한의 역사적, 민족적 정통성을 확립했다. 이러한 잘못되고 왜곡된 역사관을 바로잡기 위해 현대정치사 분야 원로학자 양동안 한국학중앙연구원 명예교수는 2019년 8월 『대한민국 건국전후사 바로알기』라는 책을 만들어 18개 항목을 정해 『해방전후사의 인식』 등에서 잘못 서술한 왜곡들을 하나씩 바로 잡았다.

한반도에서 일어나고 있는 체제전쟁의 가장 중요한 무기는 역사프레임(반대한민국, 친북, 반미, 반일)이다. 강길모 등 전향자들이 밝혔듯이, 1980년대 좌익운동권은 신입생들을 끌어들이기 위해 김일성의 항일투쟁 등 친북적 역사나 반미, 반일, 반대한민국적 역사를 많이 활용하였다.

대한민국의 역사를 긍정적으로 보느냐, 부정적으로 보느냐? 북한의 역사를 긍정적으로 보느냐, 부정적으로 보느냐? 대한민국을 세운 미군을 어떻게 생각하느냐? 북한을 세운 소련군을 어떻게 생각하느냐? 대한민국을 건국한 이승만을 어떻게 생각하느냐? 북한정권을 세운 김일성을 어떻게 생각하느냐?

이러한 역사적 인물, 역사적 사건에 대한 평가도 정치사상전쟁의 주요 수단이다. '이승만은 독재자' 라는 프레임은 이승만이 건국한 대한민국 자체를 부정하는 정치프레임, 자유민주주의체제를 부정하는 사상프레임으로 활용된다.

역사를 이용한 정치, 사상 프레임 주입은 전국 학교교실에서 아주 은밀하고 조용히 장기적으로 진행되어왔는데, 그 효과는 강력하고 오래간다. 지금의 학생들이 성인이 되어 대한민국의 주도세대가 되는 30년 뒤, 본격적으로 영향을 미치는 것이다.

이렇듯, 반대세 좌익세력은 용어전쟁이나 프레임전쟁을 잘 알고 활용하는 데 반해 대한민국세력은 용어전쟁이나 프레임전쟁이 뭔지 잘 모른다. 그래서 대한민국세력은 정치전, 사상전에서 반대세 좌익세력에게 항상 불리한 상황에서 경쟁을 하고 있는 것이다.

1) 남북분단 책임은 미국과 이승만에게 있다?

북한과 반대세 좌익세력은 남북분단의 책임을 미국과 이승만에게 돌린다. 미국은 38도선을 획정하고 남한만의 단독선거를 추진하여 남북을 분단시켰다는 것이다. 이승만도 정읍발언을 통해 남한만의 단정(단독정부 구성)을 주장했고 5·10선거에 참여하여 대한민국 초대대통령이 됨으로서 남북분단을 확정했다는 것이다. 미군이 38선을 그어 남북을 분단시켰다는 주장은 반미감정을 자극하는 반미 정치프레임으로 작용하고 있다. 남북분단 책임 문제를 살펴보기 위해서는 건국전후사에 대한 이해가 필요하다.

소련군, 급히 만주와 북한으로 진입

그러나 미국은 희생이 큰 일본 본토 상륙작전 대신 원자폭탄 투하로 전략을 수정하고, 1945년 8월 6일 히로시마, 8월 9일 나가사키에 원자폭탄을 투하하였다.

소련은 8월 6일 히로시마에 떨어진 원자폭탄의 엄청난 파괴력을 간파한 후 일본의 항복을 감지하고 참전 예정(1945.8.15)보다 일찍 대일본전에 참전하였다. 즉 1945년 8월 8일 대일 선전포고를 하고, 만주와 한반도로 진군했는데, 8월 9일 경흥을 시작으로 신속하게 한반도 진주를 단행하였다. 이러한 소련의 급속한 참전은 전후 만주와 한반도에서 전리품으로 챙기기 위해서였다.

미군, 소련군 남한 점령 막기 위해 저지선 획정

한반도와 멀리 떨어져 있는 오키나와에 있던 미군은 소련군이 북한지역에 들어온 후 빠른 속도로 남하하고 서울, 부산까지 점령할지 모른다는 소문에 당황했다. 이에 미군은 소련군의 남하 저지선을 검토한 끝에 38도선으로 정하였다. 이것이 태평양지역 연합군 최고사령관 맥아더의 행정명령 1호로서, 38선 북쪽은 소련군이, 남쪽은 미군이 일본군을 무장해제 시키자는 내용이었다. 말하자면 소련군이 38선 이남으로 넘어오지 말 것을 제안한 것이었다. 이것은 트루먼 대통령의 결재를 받은 후 신속히 소련 스탈린에게 보내, 스탈린의 동의를 받음(8.16)으로써 소련군의 38도선 이남 진주를 막을 수 있었다. 당시 미국 전략가들은 스탈린이 일반명령 1호의 동의를 지연시키면서 한반도 전체를 점령하지 않을까 우려했다. 소련군이 38선에서 멈추지 않고 서울을 점령한다면 미국은 부산을 점령해야 한다고 주장하는 미군 지휘관도 있었다.

사실 미국의 38도선 획정이 없었으면 소련이 38선 이남까지 진주했을 가능성이 높다. 1945년 7월 5일 소련군 극동전선 사령관들에게 하달된 한반도에 대한 소련의 군사작전에는 먼저 웅기·나진·청진 등 북동쪽에 위치한 항구들을 점령한 다음 서울을 점령하도록 되어 있었다.

그리고 미군이 획정한 38도선은 민족분단선이 아니고 군사작전상 분계선이었다. 미군이 그은 선은 민간인의 이동을 막는

선이 아니다.

군사분계선을 민족분단선으로 만든 것은 소련군

양동안 명예교수의 『대한민국건국사』에 따르면, 소련군은 북한지역에 들어온 후 38도선이 정해지자, 대규모 병력으로 38선 부근 도시들을 점령해 갔다. 그런 후 미군이 점령할 38선 이남지역과 분리시키는 몇 가지 조치를 취했는데, 먼저 38선 이남과의 철도(8.24 경원선 차단, 8.25 경의선 차단) 운행을 차단했고, 동시에 38선 이남으로 가는 모든 도로를 차단했다. 나아가 소련군이 점령하는 도시마다 남한과 연결되는 전화를 차단하고, 우체국을 폐쇄했다. 9월 6일 해주-서울간 전화가 단절됨으로써 남북한간의 전화가 완전히 단절되었다. 그날을 전후하여 우편물 교환도 불가능해졌다.

소련군이 취한 이러한 38도선 이남과의 교통·통신 단절조치는 미군이 남한지역에 진주하기도 전에 일방적으로 취한 것이어서 남북분단을 전제한 것으로 평가될 수 있다. 미군이 제시한 38도선은 단순한 일본군의 무장해제를 위한 군사분계선이었지, 남북한 주민간의 생활분계선이나 정치분계선이 아니었다. 그러나 소련이 남북주민 간의 생활을 단절시키고 북한만의 단독정권을 수립하고 사회주의개혁을 추진함으로써 38도선은

완전한 민족분단선이 되고 말았다.[12]

이 같은 소련의 치밀한 점령정책으로 말미암아 제2차 대전 종전 무렵 소련군이 점령한 나라마다 사회주의정권이 수립되었다. 실제로 제2차 세계대전 직후 소련이 점령하고 있던 동유럽 대부분의 지역(폴란드 · 루마니아 · 불가리아 · 헝가리 · 동독 등)에서 소련식 사회주의국가가 수립되었다.

미군정, 끝까지 통일정부 수립에 노력

그리고 미국은 남북을 분단화하려는 의도가 없었다. 미국은 미소공동위원회를 통해 남북 통일정부를 구성하려 했으나, 소련이 한반도에 위성국가를 수립하기 위해 고의로 지속 트집을 잡아 결렬시킨 것이다. 미국은 하는 수 없이 한국정부 수립문제를 유엔에 상정하였다. 유엔총회는 남북한총선거 실시를 결의(1947.10.14)했고, 이에 따라 실행을 위해 유엔임시위원단을 남한에 파견한 것이다. 만약 소련군과 북한이 유엔의 총선거에 협조했더라면 남북 총선거를 통해 남북통일정부가 구성되었을 것이다. 그러나 소련군과 김일성은 유엔임시위원단이 38선 이북으로 들어오는 것을 거부(1948.1.23.)함으로써 선거를 통한 남

---

12) 양동안, 『대한민국 건국사』(현음사, 2001), pp45-48.

북통일 기회를 무산시키고 말았다. 이렇게 볼 때 분단의 실질적 책임은 소련군과 김일성에게 있었다.

이승만의 정읍발언도 북한정권 수립의 반작용

이승만에게 분단책임을 지우는 것도 부당하다. 이승만이 남한 단독정부 수립을 주장한 것도 사실 북한의 인민민주주의정권 수립이 상당히 진척된 상황에 따른 반작용이었다. 이승만이 당시 국민들에게 위기의 상황을 전파하기 위해 전국 순회강연을 하는 중 1946년 6.3 전북 정읍에서 한 강연에서였다. 이를 '정읍발언'이라고 하는데, 요지는 다음과 같다.

"이제는 무기 휴회에 빠진 미·소 공동위원회가 재개될 기색도 보이지 않으며 통일정부를 고대하더라도 뜻대로 되지 않기 때문에 우리는 남쪽에서 만이라도 임시정부 또는 위원회 같은 것을 조직해서 38도선 이북에서 소련이 철수하도록 세계공론에 호소하지 않으면 안 된다. 여러분도 결심하지 않으면 안 된다."

당시 남한에서는 사회주의 사상이 만연했고, 잘못하다가는 남한마저 소련군과 김일성의 전략에 따라 사회주의체제로 흡수될 가능성이 많았다. 이는 1946년 10월 미군정이 실시한 국민여론조사에서도 드러난 사실이다. "어느 체제로 독립국가를 이루기를 원하느냐?"는 질문에 "사회주의체제 70%, 자본주의체제 14%, 공산주의체제 7%"라는 응답 결과가 나왔다.

그는 1923년 태평양잡지에 "공산주의 당부당"이라는 글을 통해 공산주의 위험성을 정확히 지적했었다. 이승만은 공산주의를 누구보다 더 잘 아는 정치가로서 북한의 소련군과 김일성의 실체와 전략전술을 간파하고 있었다. 특히 그는 제2차 대전 후 폴란드, 헝가리, 동독 등 동유럽 국가들을 점령하여 소련식 공산체제를 이식하는 과정을 유심히 관찰하고 있었고, 북한을 점령한 소련군도 유사한 과정을 밟아 공산화하고 있다는 점을 간파한 것이다. 그는 흘러가는 상황을 볼 때, 북한은 물론 남한마저 공산화될 가능성이 높다고 보았다. 남한에서도 사회주의사상이 만연했고, 국민들이 사회주의체제의 위험성을 잘 깨닫지 못하고 있었기 때문이다. 그는 남한만이라도 자본주의·자유민주주의체제를 수립한 후, 이를 근거로 소련의 철수를 요구하여 자유민주주의로 통일해야 한다고 생각하였다. 이것이 6.3 '정읍발언'으로 나타난 것이다.

2) 대한민국은 친일파가 세운 나라다?

북한과 반대세 좌익세력은 '해방 이후 북한은 일제청산을 철저히 했는데, 미군정과 이승만은 일제청산을 하지 않았다고 주장한다. 심지어 '대한민국은 친일파가 세운 나라다' 라는 주장까지 한다. 이는 사실과 다르다.

대한민국 초대 국회의원을 선출하는 5·10선거법은 친일파들이 국회의원으로 출마할 수 없도록 피선거권을 박탈했을 뿐 아니라 국회의원을 선출하는 투표권마저 박탈하였다. 대한민국 건국세력이 친일파였다면 스스로를 5·10선거에 참여하지 못하도록 했을 수가 없다.

초대 이승만 대통령은 초대내각에 친일파를 한 명도 임명하지 않았다. 이승만 대통령은 평생을 항일독립운동에 바친 분이고, 이시영 부통령은 임시정부 내무총장을 역임했다. 이범석 국무총리 겸 국방부장관은 광복군 참모장을 역임했고, 국회의장 신익희는 임시정부 내무총장을 역임하는 등 대부분 독립운동가로 채웠다. 그러나 북한은 초대내각에 친일파로 평가될 수 있는 사람들을 상당히 많이 포함했다.

3) 1948년 8월 15일은 대한민국 건국일 아니다?

문재인 대통령은 2017년 8월 15일 광복절 행사에서 "2년 후

2019년은 대한민국 건국과 임시정부 수립 100주년을 맞는 해입니다. 내년 8·15는 정부 수립 70주년이기도 합니다."라고 말했다. 그가 주장한 것은 '1948년 8월 15일은 대한민국 정부 수립일이지, 대한민국 건국일이 아니다. 대한민국 건국일은 대한민국 임시정부가 수립된 1919년 4월 11이다.' 라는 개념이다. 대한민국이 1948년 태어난 것이 아니라 1919년 태어났다는 것이다.

문재인 대통령이 1919년 4월 11일을 대한민국 건국일로 주장한 이유는 뭘까? 1948년 8월 15일 대한민국의 건국을 인정하지 않으려는 저의에 있다.

1919년 4월 11일 임시정부수립일을 대한민국 건국일(생일)이라고 할 수 있을까? 임시정부는 국가인가? 정치학에서는 '국가의 조건'을 4가지로 제시하고 있다. 영토, 국민, 정부, 주권(통치권)이 그것이다. 임시정부는 중국 상해 프랑스조계(조차지) 내 조그마한 2층 건물에서 창설된 조직일 뿐이다. 통치하는 영토도, 국민도, 통치권도 없었다.13) 김구 등 임시정부 요인들도 임시정부를 국가라고 부르지 않았다.

1945년 8월 15일은 해방일이다. 일제 식민지상태에서 벗어났

13) 한국학중앙연구원, 「대한민국의 건국시점과 임시정부 성격에 관한 재조명」(한국학중앙연구원, 2008), pp125-127.

다는 말이다. 이후 3년간 준비 기간을 거쳐 건국한 것이다. 헌법도 만들고 입법부, 행정부, 사법부 등 정부도 만들고 대통령도 선출했다. 그런 준비를 끝낸 후 1948년 8월 15일 대한민국 정부 수립식을 개최했는데, 미군정은 통치권을 그날 밤 자정(0시)을 시점으로 새로 만들어진 대한민국정부에게 이양하였다. 이로써 대한민국은 한반도에 살고 있는 국민들을 대상으로 통치권을 행사하는 정상적인 독립국가가 된 것이다. 1910년에 잃었던 국권을 다시 회복한 독립국가였다. 이날이 바로 광복일(光復 : 빛〈주권〉을 되찾다)이다. 그러므로 1948년 8월 15일은 정부수립일이자 대한민국 건국일(국가수립일)인 것이다.[14]

그런데, 북한은 1948년 9월 9일을 북한의 건국일, 국가수립일이라고 말하고, 1919년 4월을 북한의 건국일이라고 보지 않는다. 지금 중·고등학교 역사교과서에는 1948년 8월 15일을 대한민국 건국일이 아닌 정부수립일로 격하하면서도, 북한정권을 창건한 1948년 9월 9일을 조선민주주의인민공화국 수립일로 기술하고 있다. 대한민국의 건국은 애써 감추면서도 북한정권 수립을 건국으로 내세우는 반대한민국적, 친북적 역사기술인 것이다.

---

[14] 이주영, 「대한민국은 왜 건국을 기념하지 않는가」(뉴데일리, 2011), pp23-25.

4) 소련군은 해방군, 미군은 점령군이다?

김원웅 광복회 회장은 2021년 5월 경기도 어느 고등학교 학생 대상 강의에서 '소련군은 해방군, 미군은 점령군 행세를 했다'고 발언해 논란을 불러일으켰다.

1945년 8.9 북한지역을 진군해 들어온 소련군은 결코 해방군이 아니다. 해방군인 것처럼 포장했을 뿐이다. 소련군 제25군 치스챠코프 사령관의 포고문(1945.8.26.)에도 북한 주민들을 향해 "당신들은 자유와 독립을 찾았다", "모든 것이 죄다 당신들의 손에 달렸다", "구라파에서나 아시아에서나 남의 영토나 인민들을 점령할 목적이 없고 있을 수도 없다", "정직한 친우인 소련", "해방군인 붉은 군대"라고 온갖 사탕발림 소리를 했다. 이는 북한 주민들을 속이고 저항하지 못하도록 하기 위한 선전 선동술이었다. 제2차 세계대전 끝나갈 무렵 소련군은 수많은 동유럽 나라들(폴란드, 헝가리, 동독 등)을 점령해 소련의 위성국가로 만들었다. 북한도 마찬가지다. 소련군은 겉으로는 북한 인민을 앞세웠지만 실제로는 북한을 강제로 공산화할 목적을 분명히 갖고 있었다. 소련군은 북한지역을 인민민주주의체제로 만드는 전 과정을 주도했다. 북한 통치자로 김일성을 물색해 내세운 것도 소련군이었고, 10.14 평양공설운동장에 운집한 평양시민들에게 김일성을 처음 내세울 때 그가 한 연설문과 옷과

넥타이까지도 소련군이 제공한 것이었다. 김일성은 사실 소련의 꼭두각시였다. 민족지도자 조만식도 소련군의 사탕발림 태도와 배후에 어떤 흉계가 있을 것 같다는 의구심을 가지고 소련군 지도자들에게 "당신들이 점령군으로 온 것이냐, 해방군으로 온 것이냐"를 묻기도 했다.

오히려 우리 민족을 일제로부터 해방한 것도 미군이었다. 또한, 미군은 처음부터 남한을 점령할 마음이 없었다. 1945년 9.9 하지 장군이 국내에 진입할 때의 포고문에서도 나타나 있지만, 미군은 '국가건설' 을 하기 위해 왔다고 강조했다. 실제로 대한민국을 만들어 놓고 약속대로 1949년 6월 철수했다. 다시 온 것은 6 · 25전쟁 때 공산화를 막기 위해 우리의 요청에 따라 다시 온 것이다.

05 문재인 정권의 체제변혁 조치들

체제전쟁에 돌입한 대한민국

대한민국은 현재 체제전쟁에 돌입한 상태다. 박근혜 대통령이 광장에 나온 촛불을 든 군중들의 압력과 정치세력의 야합으로 범죄가 증명되기도 전에 퇴진된 것은 자유민주주의체제가 와해 상태에 돌입했음을 반증하는 것이다. 당시 사상전문가 양동안 교수는 촛불시위와 박근혜 대통령 탄핵 과정을 지켜본 후 대한민국이 느슨한 내전 상황에 직면했다고 선언했다. 그는 국민들에게 사태의 심각성을 알리기 위해 2017년 4월 『벼랑 끝에 선 한국의 자유민주주의』라는 책을 썼다. 그는 이 내전이 "반공적 자유민주주의체제를 와해시키려는 세력과 반공적 자유민주주의체제를 수호히려는 세력 산에 전개되고 있다"고 말했다. 이러한 내전은 1980년대 후반 반공적 자유민주주의에 반대하는 사상을 가진 혁명세력(민중혁명세력, NLPDR)이 급성장하면서 대한민국 국민의 사상적 합의가 와해된데 기인한다고 했다. 그는 "대선 후에는(문재인 정권이 들어서면) '적폐청산' 혹은 완전히 새로운 나라를 만들기 위한 입법 투쟁(헌법 및 법률 개정 및 제정을 둘러싼 투쟁)이라는 세 번째 전투, 그리고 대북한 정책을 둘러싼 네 번째 전투가 기다리고 있다"고 예측했다.15) 그의 예측대로 문재인 정권이 등장한 후 헌법 개정 추진은 물론 각종 법률 제정 및 개정이나 다양한 정책 등을 통해 체제변혁조치들이 광범하게 이루어져 왔다.

---

15) 양동안, 『벼랑 끝에 선 한국의 자유민주주의』(인영사, 2017), pp4, pp13-14.

문 정권의 대한민국 체제허물기

문재인 정권은 취임 후부터 전광석화처럼 체제변혁 조치들이 시행되어왔다. 그 내용들을 구체적으로 지적하기는 어렵고, 큰 틀에서 개략적으로 지적해 보기로 한다.

첫째, 문 정권은 출범 후 행정부, 사법부, 언론 등 주요 진지마다 체제변혁을 주동할 인물들을 포진하고 배치했다. 이로써 자유민주주의체제의 기초가 되는 권력분립과 견제균형제도는 사실상 무력화되었다.

둘째, 문 정권은 '적폐청산' 이름으로 박근혜 · 이명박 대통령은 물론 청와대, 국가정보원(약칭 국정원), 군 등 주요기관 핵심인물들을 숙청했는데, 표적 수사, 억지 법리 만들기 등 법치주의 파괴라는 비판이 쏟아졌다. 특히 체제수호기관인 국정원과 안보수사기관을 무력화하거나 공수처 설치, 검경수사권 조정 등 체제변혁에 필요한 수사 · 사법기관 만들었다.

셋째, 문 정권은 2018년 2월 헌법개정안을 만들어 일거에 체제변혁을 이루려 했다. 그러나 기독교계, 애국진영, 우경정당의 저지 노력으로 겨우 무산시킬 수 있었다.

넷째, 기업 경영간섭, 과도한 시장질서 개입, 부동산 사회주의화, 조세 폭탄을 통한 개인재산과 부를 국가로 환수 등을 추진했다. 이로써 개인의 자유를 토대로 한 시장경제체제를 무력화시키고 중국과 유사한 국가통제경제체제제로의 전환 의도를 드러냈다.

다섯째, 친북, 친중 외교 노선으로 기울고 있고, DMZ 지뢰 제거 및 GP 폭파, DMZ 비행금지구역 설정으로 미군의 U2기 등 대북 감시활동을 불가능하게 했다. 최근까지도 6·25전쟁의 휴전협정을 종전협정으로 바꾸고 주한미군을 철수하도록 하려고 노력하고 있다.

여섯째, 문 정권은 기독교세력을 무력화하려고 집요하게 노력하고 있다. 코로나 방역을 무기로 불교, 천주교와 달리 집요하게 기독교 예배를 방해하는 등 자유민주주의의 핵심인 종교의 자유를 훼손하고 있다. 더욱이 네오막시즘에 따라 기독교의 기반이 되는 교회, 가정, 기독교 문화와 정신을 해체하기 위한 동성애 합법화 등을 지속 시도하고 있다.

일곱째, 문 정권은 대한민국의 하부인 3,491개의 읍면동을 마을활동가들로 하여금 장악하도록 하는 법안과 정책을 집요하게 추진하고 있다. 청와대의 자치분권위원회와 행안부, 교육부 등이 주도하고 있다.

▷행안부 주도 아래 3,491개의 읍면동에 주민자치회, 주민총회를 전면 실시하려 하고 있는데, 더불어민주당 김영배 의원이 대표 발의한 주민자치기본법안과 주민자치회 설치조례를 보

면, 주소가 없는 **가짜주민**(외국인, 재외동포, 기관 및 사업체 근무자, 학교 교직원과 학생)들이 대거 읍면동에 들어와 읍면동 주민자치회의 통치권을 장악하도록 하려 하고 있다.16) 심지어 조선족(110만 명) 등 재외동포나 외국인(중국인, 이슬람인 등)까지도 주민총회, 주민자치회에 활동할 수 있도록 해놓았다. 민노총, 전교조 등이 합법적으로 주민자치회에 간여할 수 있도록 했으며, 프로 마을활동가들이 동네에 들어와 마을통치권을 주도할 수 있도록 하고 있다.

▷교육부 주도로 마을교육공동체 설치, 운영을 추진하고 있는데, 읍면동별로 모든 유사교육기관을 통합 관리하겠다는 것이다. 이러한 시도는 청와대(자치분권위원회)와 교육부, 행안부 등이 함께 작업하고 있다. 이들은 "요람에서 무덤까지"니 "한 명의 아이를 키우기 위해 온 마을이 필요하다"는 슬로건을 내세우고 있는데, 부모의 자녀 양육권을 제한하고 마을교육공동체가 아이들을 합동으로 키우겠다는 것이다. 아이들뿐 아니라 학부모, 지역주민들까지 같은 교육을 시키겠다는 것이다. 이를 위해 자치단체와 교육청이 함께 컨트롤센터를 만들고 관내 읍면동별 유아원, 유치원, 정규학교, 마을학교, 마을도서관, 성인

---

16) 이희천, 『주민자치기본법 공산화의 길목』(도서출판 대추나무, 2021), pp67~73.

교육기관 등을 아우르고, 학교 교사, 이른바 '좌파마을강사' 등
을 함께 활용하겠다는 것이다.[17]

▷더불어민주당 서영교 행안위원장이 최근 발의한 "마을공
동체 및 지역사회혁신 활성화 기본법안"을 보면, 읍면동 행정
권과 교육권 등 종합적인 통치권을 컨트롤하는 센터를 전국단
위로 설치하도록 하고, 이 조직을 지원하는 외부 전문지원기관
을 설치하도록 하고 이 권한을 '외부민간좌파단체'에게 위탁
할 수 있도록 해놓고 있다.

---

17) 교육부 보도자료, "미래형 교육자치 협력지구로 지역중심의 교육공동체 확산 추진",
2019.12.11.

제3부

반대세의
실체 탐색하기

2030 又大勢

제1장

주사파 행태 이해하려면
북한을 알아야

현재 대한민국 내 주도권을 가지고 있는 반대세 좌익세력은 1980년대 주체사상과 북한의 역사관 등을 받아들여 반대한민국 투쟁을 전개했다. 그리고 이들은 지금까지 자신들이 과거에 습득한 북한의 사상관, 역사관을 교정하는 작업을 하지 않고, 그에 입각한 지식과 사상을 대한민국 내로 전파했다. 그러므로, 그들이 당시에 습득했던 북한의 사상관, 역사관이 현재 교과서, 동화책, 소설, 영화 등으로 대한민국 모든 부면에 널리 퍼져 있는 상황이다. 대한민국을 정상적 상태로 만들려면 그들이 습득하고 퍼트렸던 북한의 통치사상과 역사관, 그리고 북한의 대남공작 등의 실체를 살펴보아야 할 것이다. 이 책에서는 북한의 역사 부분은 생략한다.

01 북한의 통치사상 살펴보기

주사파 행태 이해하려면 북한 주체사상 알아야

대한민국세력은 북한의 통치사상인 주체사상이 무엇인지 알아둘 필요가 있다. 1980년대 중반 이후 대학가에서 양산된 주사파가 현재 대한민국의 주도세력으로 활동하고 있고, 이들에 의해 대한민국이 가는 노선과 정책이 정해지기 때문이다. 1960년대 통혁당, 1970년대 남민전, 1980년대 후반 전대협, 1990년대 한총련 등에서 활동했던 인물이 갖는 세계관은 기본적으로 북한의 주체사상이다.

주체사상의 핵심

북한의 주체사상이란 어떤 사상인가? 주체사상이란 '사람은 자주성·창조성·의식성을 가진 사회적 존재이다. 사람은 모든 것의 주인이며, 모든 것을 결정한다'는 것이 기본 컨셉이다. 혁명주체인 근로인민대중이 사회의 주인인지도 자각하지 못하고, 기존 사회(봉건농업사회, 근대자본주의사회)의 모순을 깨닫지도, 혁명을 일으켜야 한다는 의식마저도 없다는 것이다. 의식이 없는 근로인민대중에게 역사의 주체임을 자각하게 하고, 자신들이 주인이 되는 세상을 만들기 위해 단결하여 혁명을 일으키도록 지도하는 그 무엇이 필요하다. 그게 수령이라는 것이다. 사람의 '뇌수'(뇌)가 육체에서 중추적 역할을 하듯이 수령은 인민대중을 이끌어 혁명을 이루는 향도적 존재(인민대중의 뇌수)라는 것이다. 만약 수령이 이끌지 않으면 인민대중은 통일되지 못하고, 힘이 통일되지 못하면 역사의 주체로서의 역할을 다할 수 없다. 이것이 주체사상의 가장 핵심내용인 수령론이다.

결국 주체사상은 개별 인간이 스스로 자주성·창조성·의식성 등을 발현시킬 수 있다는 휴머니즘적인 사상이 아니다. 오직 수령을 통해서만 자주성·창조성·의식성을 가질 수 있다고 강변함으로써 김일성 1인 지배체제의 우상화와 김정일 체제를 뒷받침하는 통치이데올로기였을 뿐이다.

주체사상, 종교로 변질

주체사상은 김정일이 후계자로 내정(1974.2)되고 실권을 장악(1979)한 후 1980년대 들어 새로운 질적 변화를 시도했다. 김정일은 사실상 실권을 장악한 후 주체사상을 1인 지배체제를 뒷받침하는 이론으로 심화하기 위해 북한의 사회과학자들을 총동원했다. 김정일은 1980년 10월 제6차 당대회에서 "주체사상은 현시대 로동계급의 영생불멸의 지도리념"이라며 마르크스-레닌주의보다 우월한 사상으로 격상했으며, 1980년대 중반에는 주체사상을 "김일성주의"로 정식화한 데 이어 "사회정치적 생명체론", "우리식 사회주의" 등을 삽입하여 새로운 종교성을 띤 통치이데올로기로 만들었다.

특히 김정일은 '사회정치적 생명체론'을 주장하고 주체사상에 삽입했다. '사회정치적 생명체론'은 생명의 이분법(육체적 생명과 정치적 생명)에 따라, 개개인의 육체적 생명은 끝이 있지만, 수령을 중심으로 결속하면 영원한 사회정치적 생명체를 이루며, 뇌수(腦髓)인 수령과 중추인 당(黨)의 지도 속에서 인민대중은 영생하는 생명을 얻을 수 있다는 내용이다.[18]

김정일은 이렇게 재구성한 주체사상을 대남공작망과 남한 내 좌익세력을 통하거나 대남방송을 통해 남한의 대학가에 확산시켰다. 그 결과, 1980년대 주사파의 대폭발이 일어난 것이다. 1980년대 중반 대학가에서 폭발적으로 양산된 주사파는 위수김동(위대한 수령 김일성 동지), 친지김동(친애하는 김정일 동지)를 외쳤는데, 김일성, 김정일을 신으로 모시는 사이비종교집단을 추종한 것이다. 미국의 종교관련 통계사이트인 「어드히런츠닷컴(adherents.com)」은 2007년 북한의 "주체사상"은 추종자 규모에 있어서 세계 10대 종교에 해당된다고 발표했다.[19] 이렇게 볼

---

18) 이종석, 『새로 쓴 현대북한의 이해』 (역사비평사, 2000), pp216~220.
19) 한겨레, 「주체사상은 세계 10대 종교」 미종교관련 통계사이트, 2007.5.8.

때, 한국기독교에서도 사이비종교인 주체사상에 대한 연구와 기독교 침투에 대한 분리와 방어책이 강구되어야 하지 않을까?

02 북한의 대남전략 살펴봐야 대한민국 현실 해석 가능하다

북한은 정권 수립 이래로 대한민국을 적화(공산화)시켜 전 한반도를 주체사상화, 공산화하겠다는 목표를 한 번도 포기한 적이 없다. 북한은 통치사상, 대남전략, 역사왜곡 등 모든 부분을 남한 공산화에 포커스를 맞추고 있다.

북한은 전략전술을 다양하게 배합하면서 70여 년간 끊임없이 대한민국을 적화하기 위해 노력해 왔다. 대한민국 건국 이후 지금까지 대한민국 내에서 일어난 다양한 사건들이 그냥 일어난 것처럼 보이지만, 실제로 파헤치고 들어가 보면 북한의 대남공작의 결과인 경우가 너무나 많다. 그러므로 대한민국에 나타난 정치, 사회적 현상들을 제대로 이해하려면 반드시 북한의 대남전략과의 연계성을 고려해야 한다. 북한의 대남전략이 대한민국에 큰 영향을 미친 것은 대한민국 내에 존재하는 반대한민국세력이 알게 모르게 호응해 온 탓이다.

제2장

1980년대 이후, 체제전쟁

현재 한반도 전역, 특히 대한민국 내에서도 벌어지고 있는 공산·사회주의세력과 반공세력 간의 사상전, 체제전쟁은 근래에 시작된 것이 아니다. "100년 전쟁"이라는 말이 있을 정도로 오랜 역사를 가지고 있다.

1918년 우리 민족에게 처음으로 공산·사회주의 사상이 들어온 후 좌우갈등이 일어났으며, 해방 이후 어느 체제의 국가를 건설하느냐를 두고 치열한 좌우세력 간 사상전이 벌어졌다. 남북이 분단된 후 6·25전쟁을 통해 피를 흘렸으며, 지금까지 체제대결, 체제전쟁이 전개되고 있다.

이 책은 지면상 한계로 인해 좌익세력의 역사 전체를 다 기술할 수 없으므로, 현재 대한민국의 체제위기를 가져온 주사파 등 586운동권이 등장한 이후 일어난 체제전쟁의 실상을 살펴보는 데 집중하려 한다. 또한, 기술방법도 북한이 대한민국을 적화하기 위해 자행한 대남공작을 살펴본 후 곧이어 대한민국 내에서 일어난 반대한민국세력의 실상을 비교 기술함으로써, 상호 연계성을 이해할 수 있도록 하였다.

01 1980년대, 체제전쟁 실상

(1) 1980년대, 북한의 대남공작

1979년 박정희 대통령이 서거한 이후 중앙정보부의 업무 마비 상태 시기를 활용하여 북한의 대남공작은 매우 활발했던 것으로 분석되고 있다.

1979년 이후, 북한은 김정일세습체제를 구축하던 시기로서, 김정일의 존재감을 부각시키기 위해 강력한 도발행위도 자행했다. 대표적인 것이 아웅산폭파사건(1983), KAL기 폭파사건(1988) 등이다.

미얀마 아웅산묘소 폭파사건(83.10.9)

1983년 10월 9일 10시경, 전두환 대통령 일행이 미얀마(당시 국명은 '버마')에서 독립영웅 아웅산묘소 참배를 준비하던 중 인근에 대기중이던 북한공작원이 미리 묘소 실내 천정에 설치한 원격폭탄을 터트려 서석준 부총리, 이범석 외무장관 등 17명 사망, 14명을 부상케 한 대형 대남공작사건이다.

대한항공 858기 폭파사건(87.11.29)

1987년 11월 29일 14:05경, 이라크 바그다드에서 출발하는 서울행 대한항공 858기가 미얀마 상공에서 공중 폭발하였다. 이 사건으로 근로자 80여 명 등 탑승자 115명이 전원 사망하였다. 범인들은 북한의 대남공작조로, 일본인 '신이치'로 가장한 김승일과 '마유미'로 가장한 김현희였다.

이 사건은 88올림픽 개최를 무산시키기 위해 김정일이 직접 지령하여 이루어진 것이다. 김정일의 친필지령 내용은 다음과 같다.

① 당은 남조선측의 두 개 조선책동과 올림픽 단독 개최 책동을 막기 위해 대한항공기 1대를 폭파키로 결정하였다.
② 시기적으로 중요한 이번 사업은 세계 모든 국가들의 올림픽 참가의사에 찬물을 끼얹게 될 것이며 남조선 괴뢰정권은 치명적인 타격을 받게 될 것이다.
③ 반드시 성취시켜야 하며 절대 비밀이 보장되어야 한다.

(2) 1980년대, 좌익 · 좌경세력의 실태와 정부의 대응

1980년대 586운동권이 어떻게 만들어지고, 세력확장을 했을까?

10 · 26사태와 전두환 신군부의 등장, 그리고 대학가

1979년 10.26 박정희 대통령이 중앙정보부장 김재규에 의해 시해되었다. 이 사태는 대한민국에 새로운 폭풍을 몰고 오는 분기점이었다. 10 · 26사태로 계엄이 내려진 가운데, 전두환 보안사령관겸 합동수사본부장 등은 10 · 26사태에 정승화 육참총장이 연루된 것으로 나타나자, 1979년 12월 12일 정승화 육참총장 겸 계엄사령관을 총격전 끝에 연행하는 12 · 12군부쿠데타(12 · 12사태)를 일으켜 군권을 장악하였다.

10 · 26사태 이후 대학생들은 "멀지 않아 자유민주주의시대가 올 수 있겠구나" 생각해 들떠 있었고, 김대중, 김영삼, 김종필 중심의 3김 민주화세력도 각기 세력을 모으며 장차 있을 대선을 대비했다. 그러나 전두환 보안사령관 주도 신군부세력은 '12 · 12사태'라는 군사쿠데타를 시작으로 점차 정국의 주도권을 장악해 갔다. 1980년 3월 개학 이후, 대학생들도 정국을 관망하다가 전두환 장군이 정권을 잡을 것이라는 여론이 확산되면서 저항운동에 나섰다. 1980년 5월 들어 전국적인 학생시위

가 일어났는데, 1980.5 서울역 학생시위, 5·18 광주민주화운동이 그 연장선상에서 일어난 것이다. 서울에서는 1980년 5.15 서울역광장에서 10만여 명이 참여하는 대규모 학생시위가 일어났다. 이에 대해 신군부는 1980년 5월 17일 비상계엄을 전국으로 확대하는 비상계엄전국확대조치를 취하였다. 그리고 김대중·김종필 구속, 김영삼 가택연금, 언론통제, 대학 휴교령, 직선제 헌법개정 중단 등의 조치도 취하였다. 이것은 대학생들의 더 큰 반발을 불러 일으켰다.

박정희 대통령 서거 이후 자유민주주의 시대가 열릴 줄 알았는데, 다시 군부가 정권을 잡은 데 대한 실망감과 분노감이 컸다. 이러한 대학가의 절망감과 분노감을 활용해 폭발하도록 공작 또는 개입한 것이 북한과 반체제 좌익세력이었다.

1980년대 좌익·좌경세력의 기폭제 5·18사건

1980년대는 좌익·좌경세력이 태동하고 폭발적으로 성장한 시기인데, 그 결정적 기폭제는 1980년 5월 발생한 5·18광주민주화운동이었다.

1980년 5월 18일 열린 전남대 앞 시위가 발단이었다. 대학생들은 전두환 퇴진, 계엄해제, 김대중 석방 등을 주장하며 공수부대 계엄군과 대결하였다. 공수부대의 진압에 분노한 시민들이 가세하고, 일부 유언비어들이 유포되면서, 시위는 광주 전역으로 급속히 확대되었다. 결국 계엄군은 사태가 심각해지자 진압 작전에 돌입했고, 시위대들은 경찰무기고들을 탈취하여 무장 투쟁에 나섰다. 이러한 5 · 18광주민주화운동은 200명 미만의 사망자와 1,000여 명의 부상자를 낳고 5.27 종결되었다.

이 사건의 정치적 해석을 떠나 호남 지역민들이 피해의식과 반정부 정서를 가지는 계기가 되었으며, 대학생들도 전두환 정부에 대한 비판의식을 공유하는 계기가 되었다. 대학생들은 점차 자유민주화의 요구를 넘어 독재 타도의 방편으로 사회주의사상을 받아들이는 좌익운동권 활성화로 나아갔다. 5 · 18은 이후 운동권 선배들이 후배들을 끌어들이는 교보재로 활용되었다. 운동권 선배들은 후배들에게 먼저 광주민주화운동 당시 처참하게 죽은 시신들을 보여주며(죽은 시신 사진은 나중에 가짜로 밝혀졌다) 운동권에 발을 담그게 한 것이다.

전두환 정권의 사상적 이해 부족

1980년대 좌익학생운동권의 폭발적 성장은 5 · 18사건 등 계기도 있었지만, 전두환 군사정부세력이 사상에 대한 이해가 부족했다는 점도 하나의 요소로 작용했다. 즉, 전두환 대통령 등 신군부는 공산주의에 대한 이해가 이전 세대에 비해 부족했다.

전두환 대통령도 1951년 육사에 입학해 4년간 학교를 다녔고, 6·25전쟁에 직접 참전하지 않은 세대다.

이승만 대통령과 박정희 대통령은 신군부와는 공산주의에 대한 이해도 면에서 차이가 났다. 이승만 대통령은 러시아 공산혁명이 일어난 직후부터 공산주의 실체를 간파했던 세계적인 국제정치학자이고, 실제 6·25전쟁을 진두지휘했던 장본인이었다. 박정희 대통령 또한 공산주의 사상에 해박했다. 그는 실제 남로당 활동도 했었고, 육군정보학교에서 좌익사상을 가르치기도 했으며, 6·25전쟁에서 군 지휘관으로 참전해 공산주의 해악상을 직접 목격했었다. 그는 5·16군사혁명 공약으로 제일 먼저 반공을 내세웠고 실제로 18년 반 통치기간 동안 반공정책을 가장 우선시했다.

사상분야 전문가인 양동안 명예교수는 신군부세력 중 사상에 대한 이해를 제대로 한 인물은 몇 명에 불과했다고 증언할 정도다. "학생들이 호기심 때문에 공산주의 서적을 탐독하는 것 같다. 대량으로 서적을 출판해 널리 보도록 하면 호기심이 줄어들어 공산주의를 멀리할 것이다"는 이상한 논리로 이념서적을 해금조치한 사례가 단적인 예이다.

전두환 대통령과 신군부의 사상적 이해 부족은 정책으로 나타났다. 전두환 정부 때 신군부의 등장으로 반공정책을 추진했던 인물들이 대거 밀려났다. 특히 불행하게도 박정희 대통령을 시해한 인물이 대한민국 체제수호기관인 중앙정보부 수장인 김재규였다. 도저히 있을 수 없는 일로 인해, 중앙정보부는 5개월여간 모든 업무가 중단되었다.(이 공백기에 북한의 대남공작이 폭발적으로 일어났던 것으로 분석) 중앙정보부 국장(1급)들은 보안사에 의해 혹독한 수사를 받았고, 3급 이상 간부들은 모두 해임되었다. 이로 인해, 반공 베테랑들이 일거에 사라지고 오랫동안 축적된 경험이 유실되고 말았다. 이러한 요소들은 좌익운동권이 급증하게 된 한 요인으로 작용했다.

또한, 전두환 정부의 사상적 이해 부족은 좌익사범 처벌과 허술한 관리 실태에서도 드러났다. 처벌이 능사가 아닌 사상범의 특성을 잘 모른 채 처벌–관용조치 등을 반복해 해독성을 키우는 결과를 낳았다. 또한, 전국 사상범들을 같은 교도소에 대거 수감해 놓고 수감자 간 교류, 토론, 사상서적 학습 방치 등 관리부실이 많았는데, 이로써 교도소가 오히려 전국 네트워크 구축, 혁명가 양성학교 역할을 했다.

82학번이 주사파의 주도 학번이 된 배경은?

『82들의 혁명놀음』이라는 책이 있다. 조선일보 우태영 기자가 주사파 선도그룹인 서울대 법대 82학번 김영환 등의 활동 양상을 추적 취재하여 1995년에 출판한 책이다. 이 책 제목처럼 주사파 등 1980년대 운동권의 주도세력은 82학번이었다. 82학번은 재수를 안 했으면 주로 1963년생이다. 82학번이 주사파의 주도세력이 된 배경은 무엇일까?

첫째, 졸업정원제이다. 81학번부터 졸업정원제가 실시되었다. 전두환 정부는 대학생들이 시위하지 않고 열심히 공부하게 하자는 목적으로 졸업정원제를 실시했다. 졸업 가능한 정원의 30%를 더 입학시킨 후 중도에 탈락시킨다는 취지의 제도였다. 공부하지 않으면 탈락되기 때문에 데모에 참여하지 못하도록 하려는 의도였다. 81학번, 82학번이 입학하자 학교는 학생들로 넘쳐났다. 1981년 입학생은 1980년 입학생보다 10만 5,000명이나 더 늘어났다.[20] 학생들 간의 경쟁과 중도 탈락 우려는 학생들에게 불안감, 불만 의식을 높였고, 반정부, 반체제운동의 자양분 역할을 했다. 무엇보다도 그 엄청나게 늘어난 대학생 규모가 이후 학생운동의 밑바탕이 되었다.

둘째, 1982년에 취해진 이른바 '이념도서 해금 조치'를 들 수 있다. '이념도서'란 마르크스사상 등 반체제 혁명사상을 담은 책을 말한다. 그동안 이런 서적들에 대해 출판 배포를 금지하

---

20) 동아닷컴[책갈피 속의 오늘], "1980년 대학졸업정원제 도입", 2008.9.5.

고 있었는데, 1982년 갑자기 해제한 것이다. 양동안 교수 등 사상전문가들이 정부의 이러한 조치에 반대하기도 했으나 무시되고 실행되었다. 반공의 둑 하나를 무너뜨린 조치였다.

실제로 이념서적 해금조치의 부작용은 매우 컸다. 사회주의, 공산주의 관련 서적들이 우후죽순처럼 출판되었고 서점을 통해 합법적으로 유통되었던 것이다. 이 책을 통해 대학가 이념서클들은 신입생들을 끌어들여 출판된 책을 통해 대량으로 운동권 학생을 만들 수 있었다. 1985년 군 제대 후 복학한 민혁당 출신 한 인사는 '군대에 갔다 오니까 천지개벽이 된 것 같더라. 대학가 서점을 통해 책을 구입해 혁명운동을 할 수 있었다' 라고 증언할 정도였다.

셋째, 1983년 12월, 1984년 2월에 연이어 취한 학원자율화조치이다. 구속 학생들을 석방시키고 제적생 1,369명 중 복학을 희망한 727명을 재입학하는 관용조치를 내렸다. 이들은 대학가에 다시 돌아오자 우후죽순처럼 '이념서클' 을 만들었고, 순진한 신입생들을 끌어들여 좌경화로 이끄는 인큐베이터 역할을 했다. 또한, 대학가에 상주하던 사복경찰을 철수시켰는데, 대학가는 '일종의 해방구' 가 되었다.

전두환 정부는 왜 이런 학원자율화조치를 취했을까? 그 이유는 정권이 어느 정도 안정되었다는 자신감과 함께 86아시안게임을 앞두고 인권탄압 이미지를 개선하기 위한 목적도 있었다. 관용조치를 내리면 정부에 대한 비판을 중단하고 공부에 충실하지 않을까 하는 순진한 생각도 있었던 것 같다.

넷째, 전두환 정부가 1985년 3월 실시한 학도호국단 폐지와 학생회 부활 조치이다. 전두환 정부는 86아시안게임을 앞두고 정부 이미지를 개선하고, 대학 자치활동을 보장한다는 이유로, 1985년 3월 임명제의 학도호국단 제도를 폐지하고 학생들이 직접 학생회장을 선출하는 학생자치의 학생회를 부활했다. 이로써 학생운동권은 총학생회 조직을 완전히 장악했고, 단과대, 총학생회 자체가 좌익·좌경 서클화 되었다. 모든 교실 자체가 주사파 등 반체제 운동권 활동공간이었다. 모든 학생은 어쩔 수 없이 그 속에서 4년간 생활을 해야 했다.

586운동권은 '전두환 키즈(kids)'라고?

현재 대한민국을 주도하는 세력은 586세대 중 좌익운동권 출신이다. 586세대란 '나이가 50대로, 1980년대에 대학을 입학하고 60년대에 태어난 세대'를 지칭하는 의미다. 586이란 말이 생기기 전 1996년 말 좌익운동권 내부에서 386이란 용어가 만들어져 점점 널리 사용되었다.[21] 386은 주사파 등 좌익운동권세력을 지칭하는 용어였는데, 나중에는 1980년대 대학을 다녔던 세대 전체를 의미하는 것으로 확장되었다. 이러한 386이란 용어가 2010년대 와서 80년대 입학했던 운동권세대가 50대에 접어든 점을 고려하여 586이라는 용어로 자연스럽게 교체된 것이다.

주사파 등 586운동권 출신을 일컬어 '전두환 키즈(kids)'라고 말하는 사람들이 많다. '전두환의 아이들'이라는 의미인데, 주사파 등 좌익 · 좌경운동권은 전두환 대통령에 반발, 분노하면서 대학가에서 생성된 좌익 · 좌경그룹이라는 의미이다.

『신동아』는 2020년 3월 "386세대, 전두환과 캉드쉬에 빚졌다"는 보도를 했다.

> "사실 386세대는 전두환과 미셸 캉드쉬(전 IMF 총재)에게 큰 빚을 지고 있다. 폭발적으로 대학 정원이 늘어난 시기는 전두환 정권 때다. IMF가 강력히 요구한 구조조정과 노동유연화 정책은 1940~50년대생을 은퇴로 내몰았다. 1980~90년대생은 그 여파로 비정규직 세대가 됐다. 말하자면 전두환과 캉드쉬가 386세대의 경쟁자를 제거했다. 만약 민주화운동이 1990년대

21) 경향신문, "문재인정부 실세 부상 '해방후 최초 진보세대' 386의 선택은", 2017.5.27. 일자.

에 벌어졌고 IMF 위기가 2000년 이후에 도래했다면 지금 386
세대가 누리는 권력의 상당 부분을 97세대(1990년대 학번, 1970년
대생 의미)가 앗아갔을 것이다."22)

이 기사에 언급한 "말하자면 전두환과 캉드쉬가 386세대의 경
쟁자를 제거했다."는 말이 설득력 있게 와 닿는다. 특히 "전두
환 대통령이 경쟁자를 제거했다"는 말이 참으로 의미심장하다.
전두환 대통령은 5·18사건 등을 통해 386운동권이 결집할 수
있는 계기를 마련해주었고, 더욱이 좌익·좌경운동권을 정확
히 알고 제압할 수 있는 중앙정보부 대공요원들이나 박정희 시
대의 반공세력을 대거 제거했다는 의미도 있는 듯하다. 외환위
기 당시 IMF(국제통화기금) 캉드쉬 총재는 IMF 자금을 빌려주는
대가로 강력한 구조조정을 압박하는데, 이 와중에 탄탄했던 대
한민국의 무수한 대기업, 중소기업들이 줄도산하고, 두터운 중
산층을 형성했던 산업화세력, 자본주의세력을 크게 약화시켰
다. 586세대가 경제적 주도권까지 장악할 수 있었던 것도 앞
세대의 경제적 붕괴가 있었기 때문에 가능했다는 의미로 읽힌

---

22) 신동아, "386세대, 전두환과 캉드쉬에 빚졌다", 2020.3.3.자"

다. 만약 IMF 외환위기가 오지 않았다면 이후 모든 세대가 다 호황의 혜택을 누릴 텐데 안타깝다.

1980년대 주사파 등 운동권 확산 배경들

소양강댐의 물이 다양한 주변 강줄기로부터 유입된 것이듯, 대학가 운동권도 다양한 발원지로부터 좌익 유전인자가 흡수되어 형성된 것이다.

대한민국은 좌익 성향이 강했던 역사적 배경이 있다. 해방공간의 사건 관련자(대구10·1폭동사건, 제주4·3사건 등), 남로당 관련자들과 빨치산 출신들, 6·25전쟁의 다양한 관련자들(부역자, 보도연맹원, 월북자가족 등) 등으로부터 유전인자를 받은 경우도 많다. 특히 박정희 정부 시기에 일어난 북한 대남공작사건과 자생 지하당사건들이 있었는데, 인혁당사건(1964), 통혁당사건(1968), 민청학련사건(1974), 인혁당재건위사건(1974), 남민전사건(1979) 등이 대표적이다. 이러한 사건 관련자들이 대학가를 중심으로 활동했으며, 관련자들이 교수 직책에 남아 있으면서 제자들을 양성하거나 서클, 인맥 등을 통해 지속적으로 대학가에 영향을 미쳐왔다. 예를 들어 통혁당 관련자 중 신영복, 박성준 등이 처벌 후 교수직에 있으면서 영향을 미친 것에서 알 수 있다.

1980년대 대학가에서 일어난 586운동권도 그것이 주사파이든 비주사파든 기본적으로 이러한 역사적 유전인자의 영향을 받았다고 할 수 있다. 1980년대 중반부터 본격적으로 일어난 주사파는 자생적으로 발생했다는 주장도 있으나 통혁당, 남민전 등의 영향을 강하게 받았다는 주장들도 많다. 김정익, 이동호 등은 1980년대 운동권 학생들이 교도소나 노동계로 가서 남민전 관련자들을 접촉한 것이 주사파 등장 계기였다고 주장하기도 한다.

또 하나, 북한의 대남방송의 영향이다. 북한은 1985년 일반 대남방송인 「통혁당목소리방송」을 대학생들을 타켓으로 주체사상 강의 등을 하는 「구국의 소리방송」으로 개편했다. 이 방송이 주사파(북한의 주체사상 추종 그룹)를 양산하는 데 큰 역할을 했다. '주사파 대부'로 불리는 서울대 법대 김영환도 '구국의 소리방송'과 서울대 도서관에 있는 주체사상 비판 서적들을 통해 주체사상을 공부했다고 한다.23) 1986년 3월 개학 후 서울대에서 반제국주의 투쟁(반미운동)을 주도하던 반제그룹이 '구국의 소리방송'을 듣고 주체사상 등 혁명강좌를 녹취하여 전파했는데, 주사파가 폭발적으로 확산된 시기와 일치한다. 1986년 이후 대

---

23) 한기홍, 「진보의 그늘」(시대정신, 2012), pp18.

학가에서는 매일 등교하면 북한방송 내용을 가지고 토론을 할 정도로 생활화되었다.

1980년대 중반, 운동권이 주사파로 대세가 기운 이유는?

1980년대 중반 이후 대학가에서 주사파가 급증한 이유는 무엇일까?

첫째, 운동권 학생들이 노동자·농민자들을 결집해 사회주의 혁명을 이루는 것이 강력한 공권력을 가진 전두환 정권 아래서 불가능하다는 것을 깊이 깨달았기 때문이다. 즉, '광주사태가 보여준 것처럼 시민군의 무력으로는 도저히 정규군에 맞서 싸울 수 없고, 더 나아가 미국의 군사력에 맞서는 것은 불가능하다. 북한의 인민해방군과 그 무력을 동원하지 않는 한 남조선 해방은 불가능하다. 이를 위해 북조선노동당과 긴밀한 협조하에 남조선 혁명전략전술을 만들어야 한다.'는 논리가 당시 운동권 대학생들에게 먹혀든 것이다.

둘째, 당시 운동권의 이론적 바탕이었던 마르크스-레닌이론 등은 너무 어려웠는데24) 김영환이 '강철서신' 등에서 제시한 혁명이론은 간명하고 쉬웠다는 점이다.25) 북한이 만든 대남적화전략인 NLPDR(NLPDR : National Liberation People's Democracy Revolution, 민족해방 민중민주주의)을 받아들이는 것이었는데, 핵심은 미군을 몰아내는 민족해방에 포커스를 둔 것이었다. 그간 민중혁명의 주력군인 노동자, 농민을 결집시키기 위해 공장이나 농촌으로 들어가야 했다면, 이제는 미군을 몰아내는 데만 힘을 쏟으면 되는 것이었다. 타도 대상을 자본가계급에서 미국(미제국주의와 그 추종세력인 독재정권)으로 옮긴 것이었다. 이제는 마르크스–레닌이론을 한국 사정에 맞게 머리 싸매고 연구할 필요도 없었다. 그때부터는 이론 연구보다는 주체사상을 신념화하고 행동하는 것이 더 중요한 상황으로 변했다. 그래서 운동권의 주류도 서울대에서 타 대학이나 지방대로 확산되었다.

주사파의 대세 장악과 좌익운동권의 분열

주사파는 1986년 개학 이후 기하급수적으로 늘어나 그해 말에 이르면 대학가 운동권의 대세를 장악하였다. 대학가에서는 "위수김동"('위대한 수령 김일성 동지'), "친지김동"('친애하는 지도자 김정일 동지')을 상용어로 사용되었고, 수시로 인공기가 게양되었다. 대학 정문 도로 바닥에는 미국 성조기를 그려 놓아 학생들이 밟고 지나가게 했다. 당시 대학생들은 이런 반미 친북 분위

---

24) 유물론, 유물변증법, 사적유물론, 계급투쟁론, 노동가치설, 착취설, 프롤레타리아독재론, 전위당론, 혁명이론, 제국주의론, 전략전술 등 너무나 복잡한 이론이 많았다.
25) 우태영, 『82들의 혁명놀음』(도서출판 선, 2005), pp174-178.

기 속에서 4년의 대학을 다녔다. 당시 대학을 다녔던 586세대
는 비록 운동권이 아니었어도 그 시대적 영향으로 인해 자연스
럽게 친북적, 반미적, 반대한민국적 성향을 갖게 되었다.

주체사상을 전파하기 시작한 지 불과 1달만인 1986년 4월, 좌
익운동권세력은 두 그룹으로 양분되었다. 기존의 마르크스-레
닌을 추종하는 급진좌익세력에서 새로이 북한의 주체사상을
추종하게 된 종북 · 친북 좌익세력이 분리 독립한 것이다. 전자
그룹을 PD파(민중민주파), 후자 그룹을 NL파(민족해방파)라고 한
다. 이 두 파는 서로 논쟁과 대정부 투쟁을 거듭하면서 사회주
의세력을 확산시켰다.

주사파의 6 · 10항쟁 주도적 역할

주사파가 대학가를 장악해 가는 동안 일반 국민들은 물론 정부
조차도 실체를 잘 몰랐다. 사상전문가나 극히 일부 공안관계자
들 만이 1986년에서 87년 사이 그들의 문건을 통해 대학가의
주도권을 장악한 세력이 북한을 추종하는 주사파라는 사실을
간파할 정도였다.

주사파 등 좌익 · 좌경학생운동이 정치, 사회의 주역으로 등장
한 계기는 바로 1987년 6월에 일어난 6 · 10항쟁이다. 주사파
는 자유민주주의체제를 부정하는 세력임에도 불구하고 자유민

주주의체제 내에서 대통령직선제를 요구하는 방향으로 투쟁노선을 수정했다. 자신들의 주장을 한발 후퇴하여 야당과 연합전선을 펴는 것이 유리하다는 전략적 판단에 따른 것이었다. 주사파는 야당과 국민들로부터 폭발적인 호응과 동참을 이끌어 6·10항쟁을 성공시켰다. 이로써 주사파는 "민주화의 주역"이라는 월계관을 쓰게 되었다.

그런데, 이 과정을 제대로 이해하기 위해서는 6·10항쟁의 배경과 사건 전말을 개관해 보는 것이 필요하다. 1987년 1월 서울대생 박종철이 경찰의 물고문으로 사망하는 사건이 발생했다. 이 사건으로 대학가나 정치, 사회 분위기는 자못 불안한 긴장감이 흘렀다. 그런 가운데 전두환 대통령은 1987년 4.13 대통령직선제 개헌에 대한 여·야간 협상에 진전이 없다며 개헌논의를 중단하고 현행 헌법(대통령간선제)을 유지하겠다는 호헌선언을 하였다. 이를 '4·13호헌조치'라고 한다. 국민들은 직접 자신의 손으로 대통령을 뽑는 직선제를 바랐다. 김영삼, 김대중 등 야당정치인들 뿐 아니라 국민들의 여망이 컸다. 이러한 가운데, 주사파 등 운동권 대학생들은 대통령직선제 개헌 움직임에 동참했다. 이로 인해 대통령직선제 개헌요구를 하는 시위가 6월 들어 더욱 거세게 일어났고 과격해졌다. 1987년 6.9 연세대생 이한열이 시위 중 경찰이 쏜 최루탄에 맞아 혼수상태에 빠졌다. 이 사실은 이튿날인 6.10 신문에 대서특필되었다. 국민들의 분노가 폭발하였다. 이것이 이른바 6·10항쟁이다. 이후 정부가 6·29선언을 발표할 때까지 20일간 학생·시민들이 동참하는 전국적인 초대형 반정부시위가 일어났다. 이것을 통칭 '6월항쟁'이라고도 한다. 정부는 사태의 심각성을 깨닫고 대통령직선제 헌법개정을 수용하겠다고 발표했다. 이것이 1987년 6.29 노태우 민정당 대통령 후보가 국민에게 밝힌 6·29선언이다.[26]

주사파 확산에 경종을 울린 양동안 교수

이때, 국민들은 주사파세력을 민주화세력으로 호칭하며 영웅시했다. 그들의 사상적 실체를 간파하고 비판한 사람이 있었는데, 양동안 당시 한국정신문화연구원(현 한국학중앙연구원) 교수였다. 그가 1988년 8월 현대공론에 쓴 "우익은 죽었는가?"라는 글은 30년이 지난 지금 읽어도 소름이 돋을 만큼 사태의 예견력이 뛰어나다.

그는 전남 순천 출신으로, 어린 시절 여순사건(여수14연대반란사건), 6·25전쟁을 경험하면서 자랐다. 그는 1960년대 서울대 정치학과를 다니면서 좌익·좌경 학생운동권을 관찰했다. 그

---

26) 이희천, 『교양분류한국사』(인영사, 2011), pp395.

는 1985-86년경 주사파 등 학생운동권의 자료를 탐구하면서 반체제세력의 실체를 정확히 파악했고, 이들에 의한 혁명운동이 이제는 정부의 힘만으로는 통제할 수 없는 상태에 이르렀다고 보았다. 그는 이러한 체제위기를 막을 수 있는 것은 우익 국민들이 각성하는 도리밖에 없다고 판단했다. 그래서 우익 국민들을 각성시켜 체제수호운동에 나서도록 하려고 "우익은 죽었는가?"라는 논설을 쓴 것이다. 그러나 그는 좌익세력으로부터 집중적 공격을 받아 큰 고통을 당했을 뿐 아니라 우익·우경 국민들로부터도 호응을 얻지 못했다. 국민들은 학생들을 반체제세력이라고 규정한 것에도 동의할 수 없었고, '정부에만 의존할 수 없으니 민간우익이 스스로 나서야 한다'는 말이 더욱 이해하기 힘들었기 때문이다.

1987년 6·10항쟁 이후, 주사파 대중조직 전대협 결성

주사파 운동권 학생들은 6·10항쟁의 주역이라는 자부심을 가지고 더욱 조직화, 연대투쟁 활동에 박차를 가했다. 먼저, 8.19 충남대에서 전국 95개 대학 4,000여 명이 모인 가운데 전국대학생대표자협의회(약칭 전대협)를 결성했다.[27] 전대협은 주사파

---

27) 전대협은 1992년 회원 6만명으로 급증했다.

세력의 대중조직(MO)이었다. 이 전대협을 컨트롤하는 지하조직도 있었는데, 반미청년회 등이 그것이다. 대중조직(MO)이 공개활동을 한다면 지하에서 비공개리에 활동하며 대중조직(MO)을 지휘하는 RO(혁명조직)가 있고, 그 배후에는 VO(전위조직)가 있다. 그 뒤에는 북한의 대남공작기관이 연결되어 있다.

6·10항쟁 이후 노조설립운동 폭발과 그 후유증

1987년 6·10항쟁 성공 이후 가장 큰 영향을 받은 곳이 노동분야였다. 6·10항쟁 다음 달인 7월에서 9월까지 3개월간 '노동자 대투쟁'이 일어났다. 대규모 노동쟁의와 대기업·공기업의 노조설립운동이 일어난 것인데, 울산 현대엔진(뒤 현대중공업)에서 처음 일어나 울산의 다른 대기업과 공기업으로 확산되었다. 울산에서 시작된 이 운동은 부산과 마산, 창원, 거제 등 경남지역으로 전파되고, 구미, 인천 등 전국으로 확산되었다. 두 달 사이에 발생한 노동쟁의는 총 3,241건에 달해 하루 평균 44건을 기록할 정도로 대폭발이 일어났다. 과거 노조운동이란 근무조건이 열악한 중소기업에서 여성 노동자들 중심으로 노조를 만들고 노동투쟁하는 운동이었는데, 이때부터는 노조가 없었던 대기업과 공기업 노조가 만들어진 것인데, 거대한 골리앗 노조, 공룡 노조가 등장한 것이다. 대한민국의 경제계를 좌지

우지할 노동운동이 이때부터 시작된 것이다.

당시 현대그룹 정주영 회장은 "내 눈에 흙이 들어가기 전엔 노조는 허락될 수 없다"며, 대기업의 노조결성에 반대했으나, 노태우 정부는 노조운동세력의 손을 들어주고 말았다. 당시 노태우 대통령은 물태우라는 말을 들었다.[28]

거대노조들의 과격노동운동은 전국적으로 일어났고, 사장들이 과격노조원들에 의해 감금, 테러를 당하는 일도 빈번하게 일어났다. 이러한 과격 노사분규로 인해 대기업, 중소기업들의 공장가동이 장기간 중단되는 일이 많았다. 임금도 가파르게 상승했다. 이로 인해 대기업들도 힘들어했지만, 치명타를 입은 것은 중소기업이었다. 중소기업들은 노사분규와 임금상승을 견디지 못하고 휴·폐업하거나 해외로 이전해갔다. 당시 반도체 부품생산 소기업을 운영했던 한 인사는 "당시 평균 임금은 매년 20% 정도 오른 것으로 알고 있지만, 자신의 경우 1987-90년 간 매년 100%씩 직원들의 월급을 올려 주었다"고 했다. 그래서 많은 중소기업들이 1992년 중국과 수교가 되자, 저임금을

---

[28] 노태우 대통령은 북방외교라는 명분으로 개혁개방으로 나아가는 소련 등 동구권 국가들은 물론 천안문사태로 수천명을 학살한 탓으로 국제적 고립 위기에 빠진 중국에 문호를 활짝 열어 퇴로를 열어주었다. 의도야 어찌됐든 노태우 정부는 북한을 제외한 모든 공산국가들에게 문호를 열어줌으로써, 이제 "반공은 시대착오적"이라는 의식을 모든 국민들에게 심어준 것이다.

찾아 준비도 없이 중국으로 공장을 이전해갔다가 기술과 공장을 탈취당하고 몰락하는 일이 수 없이 발생했다. 한창 고도성장을 하던 대한민국이 추락하는 전환점을 맞은 것이다.

> **안승천의 「한국노동자운동, 투쟁의 기록」**
>
> "1989년 외국인 기업의 자본 철수와 중소기업 휴폐업, 하청 계열화, 인원 감축 등이 큰 문제로 떠오른다. 마산수출자유지역은 1987년 말만 하더라도 총 75개 업체에 3만 6천명의 노동자가 취업해 있었으나, 다국적기업의 감원, 해고, 폐업 등으로 1989년 10월에 1만여 명의 노동자가 직장을 잃는다."[29]
>
> "사양산업에 휴업과 폐업이 속출해 1990년 7월부터 1991년 7월까지 서노협 소속 제조업 노동자 중 절반가량인 4677명이 일자리를 잃는다. 부산에서는 1991년 한해에만 신발공장 463개가 부도나거나 폐업하여 1만 4천 명이 일자리를 잃었다. 그 다음 해는 이보다 더 많은 7만명이 실직한다."[30]

6·10항쟁 이후 북한의 주사파 대상 대남공작 개시

북한은 1980년대 중반부터 대학가를 휩쓸던 주사파운동을 지켜

---

29) 안승천, 「한국노동자운동, 투쟁의 기록」(박종철출판사, 2002), pp112.
30) 안승천, 「한국노동자운동, 투쟁의 기록」(박종철출판사, 2002), pp131.

보고 있다가 1980년대 말부터 본격적으로 대남공작에 나섰다. 6·10항쟁에 성공한 것을 목격하고 주사파 대학생들의 투쟁력과 활용가치를 인정한 것이다. 이들을 포섭해서 남한을 혼란에 빠트리고 적화통일의 도구로 활용할 수 있겠다는 판단을 하고, 본격적인 대남공작에 나선 것이다. 북한의 대남공작기관은 1989년 간첩 윤택림을 통해 주사파 김영환을 관악산에서 접선, 포섭에 성공했다. 이어 상당수의 주사파 출신들을 포섭, 월북시켜 간첩교육을 받게 했고, 다시 남파하여 대남공작에 활용했다.[31]

02 1990년대, 체제전쟁 실상

(1) 1990년대, 북한의 대남공작

북한은 박정희, 전두환 정부를 거치면서 합법적 정당을 창당하여 선거를 통한 정권장악이 불가능하다고 보아 테러, 무장공비 침투 등 비합법적 방법인 대남공작을 주로 했다. 그러나 1990년 들어 주사파의 활용가치가 크다는 판단에 따라 이들을 활용한 합법적인 정당을 창당하고 선거를 통해 정권을 장악하는 방법을 다시 강구하게 된 것이다.

---

31) 한기홍, 『진보의 그늘』(시대정신, 2012), pp38-45.

북한의 대남공작 가속화

1997년 한국으로 탈북한 황장엽 선생은 북한의 대남적화전략에 대해 다음과 같이 언급하였다.

> "김정일의 대남전략은 당초 무력도발을 통한 한반도 공산화였으나 중국의 남침 불원 입장에 따라 통일전선전략으로 바뀌었다. 따라서 남한의 좌파정권을 수립한 후 연방제로 통일하는 방향으로 수정한 것이다."

황장엽 선생에 따르면, 북한이 1990년대 들어 적화통일 방법을 무력도발에서 남한의 '좌파정권'을 수립한 후 '연방제'로 통일하는 방향으로 수정했다는 것이다. 다시 설명하면 남한 종북·친북세력을 활용해 통일전선전략(진보대연합, 반보수대연합〈야권연대〉)으로 지지기반을 확장한 후, 선거에서 승리하여 종북·친북정권을 수립하여 체제를 바꾼 후 북한에 흡수통일하는 '사회주의 연방제 통일'을 이루겠다는 것이다. 북한이 이러한 통일전략으로 변경한 것은 남한 사회에 586 주사파운동권이 널리 퍼져 있기 때문이다.

북한은 1990년대에 대학가에서 양성된 주사파들을 대상으로 지하당 구축을 위한 대남공작을 적극 추진했다. 중부지역당(남한조선노동당중부지역당, 1992), **민혁당**(민족민주혁명당, 1999), 일심회 (2006), 왕재산(2011) 등 지하당들은 적발된 시점은 달라도 그 성격은 비슷했다. 주동 인물은 1980년대 생성된 주사파 출신이었고, 북한이 이들을 포섭하고 지령하여 지하당 구축에 착수하도록 한 시기는 1990년대였다.

중부지역당은 1992년 8월에 적발되었지만 결성된 것은 1991년 7월이다. 주동자 황인오는 사북탄광 소요사태 주동자로서 주사파 출신은 아니었지만, 1980년대 주사파인 친동생 황인욱(서울대 재학, 구국학생연맹 핵심)과 그의 친구 최호경을 통해 주사파들을 끌어들여 지하당을 구축할 수 있었다.

민혁당은 여수반잠수정 침몰(1998.12.17)과 인양(1999.3.17)을 계기로 실체가 드러났지만, 결성된 것은 김영환이 간첩선을 타고 북한에 갔다 온 후인 1992년이다. 민혁당은 김영환, 하영옥, 이석기 등 1980년대 주사파 핵심들이 결성한 지하당이다.

일심회는 2006년 10월에 적발되었지만, 그 뿌리는 1989년경으로 거슬러 올라간다. 미국에 있던 장마이클(장민호)이 재미 북한간첩에게 포섭된 후 북한으로 가 간첩교육을 받은 때가 1989년 2월이었다. 장마이클은 1994년 국내로 들어와 운동권 인물들을 순차적으로 포섭한 끝에 2002년 1월 일심회를 결성했다.

왕재산 조직은 2011년 8월에 적발되었지만, 그 뿌리는 1990년대 초로 거슬러 올라간다. 간첩단 총책 김덕용이 북한 공작원에게 포섭된 것은 1990년대 초이며, 북으로부터 지하당 조직 지령을 받은 것은 1993년이었다. 이후 김덕용은 순차적으로 조직원들을 포섭한 후 2001년 3월 '왕재산'을 조직하였다.

북한이 1990년대에 대대적으로 만든 지하당들은 2000년대에 큰 힘을 발휘했다. 2000년대 김대중정부의 햇볕정책으로 활발한 대북교류가 이루어지면서 공개적인 종북·친북단체들을 배후 조종하면서 각종 반미시위, 반정부시위, 통일운동 등을 주도하였다. 2000년대 활발한 대북교류 분위기 아래서 공개적인 종북·친북 단체들을 배후 조종하면서 각종 반미시위, 반정부시위, 통일운동 등을 주도하였다.

그간 민혁당, 일심회, 왕재산 등 지하 간첩단들이 적발되어 해체되었다고는 하나 하부조직들의 상당수는 드러나지 않은 채 수사가 종결되었다. 적발된 간첩단도 빙산의 일각일 뿐이다. 서독, 남베트남의 사례에서 비춰볼 때 다수의 지하 간첩망이 대한민국 곳곳에서 암약하고 있다고 보아야 한다.

민혁당 잔존세력의 활동

1990년대 가장 대표적인 지하당은 민혁당인데, 1999년 3월 여수반잠수정 사태로 실체가 드러났다. 이런 연유로, 민혁당사건 관련자들 중 김영환, 조유식 등 일부가 전향의 방향으로 나아 갔지만, 하영옥, 이석기를 중심으로 한 상당수는 전향을 거부 한 채 반체제 활동을 계속했다. NL계 출신 한 인사에 따르면, "민혁당원 100명 중 25명 가량이 전향한 것으로 파악된다. 나 머지 75명은 어디서 무엇을 하고 있는지 알 수가 없다"고 말했 다.[32) 33)]

잔존세력은 전국연합 등 재야단체에 숨어 활동하다가 2001년 9월 '군자산의 약속' 이후 대거 민노당으로 들어갔다. 민혁당 의 주동 인물인 이석기가 주도하는 경기동부연합은 북한의 지 원을 받아 2006년 초 드디어 민노당의 당권을 장악했고, 2011 년 12월 창당된 통진당 당권도 장악했다.

---

32) "민혁당의 조직원은 여성 10여 명을 포함해 약 100여 명이었다. 이 중에는 교사, 약사 등도 있었고, 무도관이나 학원 등을 운영하는 사람도 있었다. 또한, 민혁당에서 직접 관리하는 지하 혁명조직만 17개에 400여명의 조직원이 있었는데, 웬만큼 오래 또 열심 히 운동을 했던 사람이 아니면 정식 조직원으로 받지도 않았다. 민혁당의 규모가 굉장 히 컸음을 알 수 있는 부분이다. 그래서 일부에서는 왕재산 간첩단보다 조직적으로 더 탄탄했던 민혁당의 잔존세력들, 즉 하영옥을 추종했던 소위 민혁당재건세력이 더 위험 할 수 있다고 지적한다. 이들은 하영옥이 구속되면서 지하로 숨어들어 갔는데, 민주노 동당도 그 대상일 것으로 추측된다." - 류현수, "보이지 않은 위험, 종북주의"(살림, 2012), pp53-54.
33) "(민혁당) 당원은 1백여 명, 준당원은 400여 명에 외곽조직 성원들까지 합하면 4천여 명에 이르는 방대한 조직으로 발전하였다." - 홍진표 외 공저, 『친북주의 연구』(시대정 신, 2010), pp91.

(2) 1990년대, 대한민국 내 좌익 · 좌경세력은 어떻게 활동했나?

대학 졸업 후 각 분야로 먼 여행 떠나다

1980년대 말 주사파 등 대학 좌익 · 좌경운동권 인사들은 수시로 '이렇게 수많은 학생들이 아스팔트에서 화염병을 던지고 구속되면서까지 헌신적으로 혁명운동을 했는데도 아직 체제가 바뀌지 않는구나' 라며 낙담했다고 한다. 그러나 그들은 곧 그러한 현실을 받아들이고 체제를 변혁하기 위한 먼 여행을 시작했다. 먼 여행이란 이탈리아 공산주의혁명가 그람시가 제창한 진지론에 따라 진지를 구축하고 문화혁명을 통해 서서히 대한민국의 문화와 국민의식을 바꾸고 마침내 체제를 바꾸는 장기전략으로 전환한 것이다.

이들은 자기 전공별로 흩어졌다. 경영학과 출신은 대기업 직원으로, 사대 출신은 교사로, 법대 출신은 법조인으로, 언론방송학과 출신은 언론인으로, 대학원 졸업자는 교수로, 신학대생은 목사로, 미대 출신은 화가 등 각자의 직업 분야로 진출하여 진지를 구축하려 했던 것이다. 일부는 북한과 연계된 지하조직운동을 하는 직업적 혁명가의 길로 나아갔다.

이미 분야별로 활동을 하고 있던 좌익 · 좌경활동가들과 새로 진입한 세력이 함께 분야별 단체를 결성했다. 1988년 5월 민변(민주사회를위한변호사모임), 1989년 5월 전교조(전국교직원노동조합)

결성을 시작으로, 전노협(전국노동조합협의회, 1990.1), 전농(전국농민회총연맹, 1990.4), 범민련(조국통일범민족연합 남측본부, 1991년 준비위, 1995년 본조직 결성) 등 활동단체들을 속속 결성하였다. 이들은 1991년 12월 종북·친북 좌익·좌경단체들의 전국적 연합체인 전국연합(민주주의민족통일전국연합)을 창립하는 등 분야별 좌익·좌경세력들을 연대하는 '종북·친북 네트워크'도 구축해 갔다. 전노협 등 기업별, 산별노조단체들이 만들어지다가 드디어 1995년 12월 전국적인 골리앗 좌익·좌경단체인 민노총이 결성되기에 이르렀다. 민노총을 만드는 데 가장 크게 기여한 것은 전교조 해직교사들이었다.

동구공산권 붕괴와 그 충격

1989년부터 1991년까지 동구공산권 국가들이 도미노처럼 무너졌다. 1988년 서울올림픽 때 참가한 소련과 폴란드, 헝가리 등 동구공산권 국가들이 한국의 발전상을 보고 큰 충격을 받았다. 그렇지 않아도 공산주의체제에 한계를 느끼고 있던 동구공산권 국가들이 드디어 소련에 반기를 들고, 공산주의를 버리기 시작했다. 1989년부터 폴란드, 헝가리, 동독, 체코슬로바키아 등 동구공산권 국가들에서 민주화 바람(탈소련, 탈공산)이 일어났고, 급기야는 1991.12 종주국 소련마저 무너졌다. 소련 공산주의체제를 추종하던 PD파의 충격은 실로 엄청났다. 자신들이 이상국가 모델로 생각했던 소련 등 공산국가들이 처참한 실패로 끝났기 때문이다. 이로 인해 상당수 PD파 운동권들은 전향을 하거나 유럽식 사회민주주의(사민주의)로 기울었고, 그 일부는 향후 네오막시즘, 젠더 이데올로기로 발전하게 되는 문화사회주의 운동으로 이동하였다. 일부는 NL 주사파들이 하는 종북·친북 노선으로 옮겨가기도 했다. 이로 인해 PD파는 더욱 위축되고, NL 주사파들이 좌익운동권을 평정하게 되었다.

이즈음부터 대학가 주변에서 대학생들을 대상으로 포섭, 교육, 조직활동을 전개하던 좌익활동가들이 철수했다. 대학가는 서서히 좌익활동가들의 손에서 풀려나기 시작했다.

소련 등 동구공산권의 붕괴에 대해, 주사파들은 어느 정도 충격을 받기는 했지만 "아직 수령님의 나라는 건재하다"는 말로 위안을 삼았다.

1990년대, 북한의 체제 붕괴위기와 일부 주사파의 이탈

1992년 강철환, 안혁 등 정치범수용소 경험이 있는 탈북자들이 들어와 북한의 정치범수용소, 경제적 궁핍 등 심각한 문제들을 증언하였다. 더욱이 북한에서 2004년부터 2007년까지 300만 명이나 굶어 죽는 '대량 아사사건'이 발생했다. '꽃제비'라 불리며 거리를 떠도는 북한 어린이들이 음식쓰레기를 주워 먹는 등 비참한 현실이 2006년경 국내에 본격적으로 알려졌다. 주사파들은 사실이 아니길 바라며, 사실 여부를 확인하기 위해 북·중 접경지역으로 가서 확인하기까지 했다. 그것은 사실이었고, 큰 충격을 받았다. 더욱이 2007년 주체사상 이론을 만든 황장엽 선생이 탈북해 북한체제의 실상을 적나라하게 고발했는데, 이것이 결정타였다. 이러한 일련의 사건들로 인해 김영환, 허현준 등 종북세력의 일부 핵심들이 민혁당을 해체하고 종북활동을 중단했다. 여타 주사파 출신들도 공식 전향선언을 하지는 않았지만, 현실에 적응하며 종북·친북 활동을 멈춘 경우도 상당했다. 더욱이 1996년 8월 한총련의 연세대 폭력방화사건을 계기로 주사파에 대해 국민 여론도 싸늘했고, 한총련 이적단체 판결 등이 당연하다는 분위기가 조성되었기 때문이다.

그러나 주사파 중에서도 혁명의식이 강하고 단결력과 동지의식이 강했던 이석기 그룹(경기동부연합) 등 일부는 어려운 가운데서도 사상적 정체성이 흔들리지 않고 꾸준히 세력을 확장하였다.

전교조 해직교사의 복직, 교실의 좌경화 시작

노태우 정부는 전교조(1989.5 출범)의 창립선언문, 강령, 규약 등을 볼 때 이적성이 있다 하여 1989년 7월 전교조 교사 1,527명을 파면, 해임했다. 이 해직교사들이 대기업, 공기업 노조활동에 참여했고, 이들에 의해 1995년 12월 민노총이 결성될 수 있었다. 이들 해직교사가 아니었으면 오늘날 같은 민노총이 이루어지지 못했을 것이라고 한다. 해직교사들은 꾸준히 복직 투쟁을 했고, 김영삼 정부는 이들을 다시 교단으로 불러들였다. 이때부터 전교조에 의한 교육의 좌경화가 본격화되었다. 전교조 자체를 합법화시켜 준 것은 김대중 정부 때인 1999년 7월이었다.

민노총의 결성과 대기업들의 해외로 이탈 러시

1995년 12월 골리앗 노조들의 전국 결사체인 민노총이 창립되었는데, 이로 인해 대기업들도 견디기 힘들어했다. 민노총의 등장 이후 현대자동차 등 대기업들조차도 강성노조의 극심한 투쟁으로 인해 견디지 못하고 공장을 해외로 옮기는 현상이 본격화되었다.[34] 중소기업에 이어 대기업마저 해외로 이전하게 된 것은 강성 민노총이 갖는 부작용이 그만큼 심각함을 반증한 것이다. 이는 후배들에게 돌아올 양질의 일자리를 해외로 쫓아낸 결과를 낳았다.

---

34) 현대자동차의 예를 들면, 1997년 터키공장(20만대) 완공을 시작으로 1998년 인도공장, 2002년 중국 공장(베이징, 86만대 규모)을 신설한 데 이어, 2005년 미국 공장(앨라베마주몽고메리시, 36만대), 2008년 체코 공장(노소비체, 30만대), 2011년 러시아공장(상트페테르부르크, 22만대), 2012년 브라질공장 신설 등 해외이전을 가속화했다.

공룡노조 민노총의 투쟁으로 인해 해외투자자들도 국내 시장에서 철수하는 일이 보다 광범하게 일어났다. 이에 김영삼 정부는 경직된 노동법 개정을 추진하여 시장질서를 회복하려 했으나, 민노총이 대규모 반정부 시위를 하자 놀라서 국회를 통과했던 개정노동법을 없었던 일로 되돌리고 말았다. 이것에 대해 실망한 외국인 투자자들이 대거 자금 회수를 했는데, 이것이 1997년 말 외환위기를 당한 중요한 원인 중 하나였다고 평가되고 있다.

김대중 정부 등장과 분야 별 좌익·좌경세력 급성장

좌익·좌경세력은 분야별로, 진지별로 자신들의 영향력, 세력을 확대하기 위한 노력을 가속화했다. 특히 1998년 김대중 정부 출범 후 유리한 상황을 이용하여 우익·우경 성향의 기존 고위층을 몰아내고 점차 상위 직책으로 약진했다. 예를 들어 KBS, MBC 등 언론사에서도 노조 출신, 노조 우호세력들이 우익·우경 성향의 간부들을 밀어내고 점점 상층부를 장악해 간 것이다. 영화계에서도 신진 좌익·좌경 영화인들이 외국영화 스크린쿼터제 비판운동 등을 통해 세력화한 후 기존의 우익·우경 성향의 영화인들을 몰아내고 영화계를 장악했다. 이후 이들에 의해 쉬리 등 좌편향 영화들이 본격적으로 양산되기 시작했다.

1990년대 들어 주사파 대상 대남공작 본격화

주사파의 대부로 평가된 김영환은 1989년 윤택림에 의해 포섭된 후, 1991년 윤택림의 안내로 강화도 서쪽 해안에서 대남공작선을 타고 북한 해주에 도착했다. 그는 북한에서 김일성을 2번 면담하고 김일성대학 교수들과 토론도 했다. 이 과정에서 김영환은 김일성이 주체사상에 대한 이해가 부족하고 1930년대에 머물러 있다는 점, 김일성대 교수조차도 토론이 불가능할 정도로 경직된 사회라는 점 등에 실망했다고 한다.

김영환은 북한을 의지하기보다는 자신이 주도하는 혁명을 이뤄야겠다는 야심을 가졌다고 한다. 김영환은 북한에서 돌아온 후인 1992년 3월 서울대 구내에서 민족민주혁명당(민혁당)을 정식으로 창당하였다. 민혁당은 지방조직으로는 경기남부위원회(이석기 중심), 영남위원회, 전북위원회 3그룹이 있었다. 핵심정수분자인 당원이 100여 명, 준당원(RO조직원)이 400여 명에 이르고 외곽조직까지 합하면 4천여 명에 이르는 방대한 조직으로 발전하였다.35) 민혁당 당원들은 종적으로는 점조직으로 연결(단선연계 복선포치)되어 있고, 그것도 직속 상부선 만 접촉할 뿐이어서, 당원들 간 서로를 잘 몰랐다.36) 이렇게 큰 지하당으로 발전했음에도 공안기관에 적발되지 않을 정도로 조직보안도 철저했다.

그러나 김영환은 1990년대 중반 대량 아사사건, 황장엽 탈북사태 등을 보면서 북한체제에 실망, 1997년 민혁당을 해체하고 1998년 5월 월간 말지에 "북의 수령론은 허구이자 거대한 사기극"이라는 글을 기고했다. 그러나 하영옥, 이석기 등 잔당세력은 민혁당 재건을 시도해 북한과의 새로운 접촉선을 구축했다. 그러나 1998년 12월 여수반잠수정사건으로 그 실체가 드러나고 말았다.[37]

북한은 1990년대에는 민혁당 이외에도 여러 갈래로 지하당 구축 공작을 했다. 이 지하당들은 한결같이 1980년대 폭발적으로 성장한 자생적 주사파 운동권을 기반으로 한 것이었다.

03 2000년 이후, 체제전쟁 실상

여기서는 2000년 이후 현재까지의 과정(김대중 정부–문재인 정부) 중 ▷먼저, 북한의 대남전략 중 대남공작 중심으로 설명하고,

---

35) 홍진표 외, 「친북주의 연구」(시대정신, 2010), pp91. '민혁당의 조직원은 여성 10여명을 포함해 약 100여명이었다. 이 중에는 교사, 약사 등도 있었고, 무도관이나 학원 등을 운영한 사람도 있었다. 또한 민혁당에서 직접 관리하는 지하 혁명조직만 17개에 400여명의 조직원이 있었는데, 웬만큼 오래 또 열심히 운동을 했던 사람이 아니면 정식 조직원으로 받지도 않았다. 민혁당의 규모가 굉장히 컸음을 알 수 있는 부분이다.' 류현수, 「보이지 않는 위협, 종북주의」(살림, 2012), pp53–54.
36) 송홍근, 「김일성주의 신봉한 하영옥 그룹이 경기동부 핵심」(신동아, 2012.5), pp89.
37) 한기홍, 「진보의 그늘」(시대정신, 2012), pp54–66.

▷다음은, 대한민국에서 일어난 반체제세력, 반대한민국세력의 활동 양상 중 중요한 사례를 중심으로 설명할 것이다.

(1) 2000년 이후, 북한의 대남공작

1) 2000년대, 북한의 대남공작

대한민국은 김대중→노무현→이명박→박근혜→문재인 정권에 이르기까지 다양한 노선의 대북정책을 추진했다. 그러나 북한은 적화통일이라는 대남전략 목표를 한 번도 바꾸지 않았다. 2000년 이후 중요한 대남전략으로는 ▷남북정상회담(2000년 6·15선언, 2007년 10·4선언, 2018년 6월 싱가폴회담, 2019년 1월 하노이 회담 등), 남북대화, 남북교류(이산가족상봉, 체육행사 등), 남북경제협력(금강산관광, 개성공단 등)사업, ▷사이버테러(DDos 공격, 농협 전산망 해킹, GPS 교란)와 심리전 활동 등도 활발했다. 또한 ▷연평해전, 연평 포격 도발, 천안함 폭침 등 무력도발도 빈발했고, ▷일심회사건(2006), 왕재산사건(2011), 충북동지회사건(2021) 등 지하당사건도 있었다. 이렇듯 다양한 북한의 대남적화전략 중 가장 포커스를 둔 것은 합법적 정당을 활용하여 대통령선거, 총선 등을 통해 합법적으로 정권을 장악하는 방법이다.

여기서는 북한에서 전개한 다양한 전략전술 중 지하당 공작을 중심으로 설명할 것이다. 지하당 공작을 설명할 때, 반드시 염

두에 두어야 할 것은 드러난 지하당은 빙산의 일각이라는 점
이다.

〈1〉 합법적 정당 침투 방향으로 선회

북한은 1990년대에는 남한에 합법적인 NL계 정당을 만드는
것에 소극적이었고 야당에 대한 '비판적 지지' 입장을 가졌으
나, 2000년대 들어 독자적인 제도권 정당의 필요성을 절감했
다. 북한은 2000년 1월 PD파가 중심이 되어 창당한 민주노동
당(약칭 민노당)을 장악하는 방향으로 방침을 정한 듯하다. 그래
서 북한은 2001년 3월 "민노당을 통일전선적 정당으로 발전시
킬 것"을 지령했다. 이런 영향 때문인지는 잘 모르겠지만 종
북·친북세력의 통일전선체인 전국연합은 2001년 9월 충북 괴
산군 보람원수련원에서 700여 명이 모여 「9월 테제」(일명 "군자
산의 약속")를 결의했다.

〈2〉 일심회간첩사건과 경기동부연합의 당권장악 성공

일심회사건과 민노당 당권 장악 기도

국정원(국가정보원)은 2006년 10월 북한의 대남공작기관인 대외
연락부가 운영하던 간첩단 일심회를 적발, 발표했다. 북한 대
외연락부는 민노당 이정훈 중앙위원, 최기영 사무부총장 등을

포섭해 이들로부터 민노당 당직자 300여 명의 신상정보와 100만 쪽 분량의 정치정세 자료를 보고받았다.

대외연락부는 이를 바탕으로 민노당 내부를 손바닥 보듯 파악하고 2005년 말 "정책위의장에 경기동부 이용대를 박아넣어라", "이용대를 대북 접촉창구로 하라" 등 공작지령을 하달했다. 이용대는 경기동부연합 이석기 그룹의 핵심인물이다. 북한이 일심회를 통한 공작의 핵심은 이석기가 주도하는 경기동부연합을 지원하여 민노당 핵심 당직을 차지하도록 하려는 것이었다. 결국, 북한의 지령대로 이석기의 경기동부연합이 2006년 초 민노당의 당권을 장악했다.[38]

북한, 일심회 통해 경기동부연합이 지방당인 서울시당 침투 지령

북한은 "서울모임을 더욱 발전시켜 민노당 서울시당을 장악할 수 있는 조직으로 만들라"는 지령을 내렸는데, 이때 서울모임이란 경기동부연합이 주도하는 모임이다.[39] 이는 북한이 이석기의 경기동부연합으로 하여금 당 하부 조직인 서울시당을 장악하도록 한 조치였다.

---

38) 동아일보, "[통합진보, 종북—폭력의 그림자]2005년말 北 "경기동부 이용대 박아넣어라"… 北 지령이 민노 당직 좌우했다."(2012.5.19)
39) 동아일보, "북지령문 속 '서울모임'은 경기동부연합", 2012.5.21.

이렇듯 북한은 경기동부연합을 민노당의 중앙당 뿐만 아니라 서울시당 등 곳곳에 침투시켜 확실히 민노당 당권을 장악하도록 지원한 것이다. 이는 북한이 민혁당 출신 이석기가 주도하는 경기동부연합을 그만큼 신뢰했다는 증거라 할 수 있다.

2) 2010년대, 북한의 대남공작

북한 공작기관(225국), 왕재산에 지령 "2014년까지 폭파 준비 완료하라"

국정원은 2011년 7월 북한 노동당 소속 대남공작기관인 225국 (현 문화교류국)의 지령을 받고 10여 년간 인천을 거점으로 암약해 온 왕재산간첩단사건을 발표했다. 주모자 김덕용은 1993년 김일성으로부터 "남조선 혁명을 위한 지역지도부를 구축하라"라는 교시를 받고, 조직원들을 순차적으로 포섭한 후 2001년 3월 지하당 왕재산을 조직했다. 김덕용의 USB 등에는 225국으로부터 받은 지령이 고스란히 남아 있었다. 김덕용 등을 압수 수색한 결과, 북한 문건 118건, 대북 보고문 175건 등 13만여 쪽이 드러났다. 왕재산 간첩단조직이 포섭하려고 한 대상 중 상당수는 민노당 관련자들이었다.[40] 지령문 내용에는 2012년 총선 및 대선

---

40) 조선일보, "민노당 또 간첩단 연루… 발표도 안했는데 펄쩍", 2011.7.30.

과 관련된 다음과 같은 정치공작 내용도 들어있었다.

북한, "진보대연합"과 "반보수대연합"으로 남한선거에 대비하라

북한은 남한선거에서 승리할 수 있는 전략으로 "진보대연합", "반보수대연합"을 제시해왔다. '진보대연합'과 '반보수대연합'은 자신의 세력을 확대하기 위한 통일전선전술의 하나다. '진보대연합'이란 이른바 '진보세력'(사회주의세력)을 대연합하여 더 큰 정당을 만들라는 것이었다. '반보수대연합'이란 '진보세력'(사회주의세력)이 '중도세력'과의 연대를 이루어, 보수세력을 고립시킴으로써 선거에서 승리할 수 있다는 전략이다.

김정일은 2006년 1월 1일 신년사설에서 "남한에서 반보수대연합... '진보의 대연합'으로 매국반역집단에 종국적 파멸을 안겨줄 것"을 강조했고, 2007년 1월 반제민전 신년사에서도 남한선거에서 "반보수대연합전선을 형성할 것"을 강조했다.

북한은 2011년 10월 서울시장 보궐선거(10.24)를 4일 앞두고 노동신문(10.20)을 통해 "한나라당의 반역통치를 반대하는 남조선의 각 정당·단체들과 민주인사들은 당파와 소속, 정견의 차이를 뛰어넘어 반보수대연합의 기치 밑에 굳게 뭉쳐야 한다."라며, 반보수대연합을 강조했다.

이처럼 북한이 '진보대연합', '반보수대연합'이라는 통일전선전술을 그렇게도 고집하는 이유는 뭘까? 우리나라는 진보-보수라는 잘못된 프레임이 널리 퍼져 있기 때문에 이 프레임을 적극 활용하면 승리할 수 있다는 것이다.

북한공작기관, '민노당을 진보대통합정당으로 확대 개편하고, 민주당과 연대하라'

북한의 대남공작기관인 225국은 간첩단 왕재산에 2012년 총선과 대선 관련 지령을 내렸다. ▷민노당을 '진보대통합정당'으로 확대 개편할 것, ▷진보대통합정당이 민주당과 야권연대 방안을 강구할 것 등이다.

첫째, '진보대연합전술' 부분이다.

① "민노당을 중심으로 진보대통합정당을 구성하라." - 민노당은 국민참여당, 진보신당 탈당파 등을 통합하여 통합진보당을 결성하였다.

② "늦어도 (2011년) 10월 이내에 대통합진보당을 완성하라." - 통합진보당이 창당된 것은 2011년 12월 13일이다.

③ "(국민참여당에 대해서) 비정규직법, 이라크 파병, 한미FTA 발기 추진 등 노무현 정부시절 과오들을 공개 반성하면 진보대통합당에 참여시킬 수 있다." - 국민참여당(유시민 대표)이 통합진보당에 합류하였다.

둘째, 민주당과의 야권연대 부분이다.

"(민주당에) 국회 의석을 양보받아 내는 것, 정책적 담보를 받아내는 것 등 야권연대방안들을 연구, 토론하라." – 통합진보당은 민주당과 야권연대 후 후보단일화로 총선에서 13석을 차지하였다.

셋째, "진보대통합정당 건설과정에서 민노당의 명칭을 견지하다가 양보하면서 ... 이럴 경우엔 '본사(북 225국을 지칭하는 은어)'에 문의하라." – 진보대통합정당 설립과정에 일일이 지시했다는 것이다.

김정은, "올해(2012년) 남한 총선, 대선에 적극 개입하라"

북한 김정은은 2012년 1월 통일전선부 산하 「반제민전」의 신년사설을 통해 "올해 남한 총선, 대선에 적극 개입하라", "진보세력의 대단합을 보다 높은 수준에서 이룩함으로써 올해 총선과 대선에서 역적패당에게 결정적 패배를 안겨야 한다."라고 지령을 내렸다. 이에 대해, 이명박 정부도 김정은의 이러한 남한 총선, 대선에 개입하라는 지령에 대해 우려하며 대응책을 논의했다.[41]

---

41) 조선일보, "통일부 '북한 선거개입 차단' 업무보고", 2012.1.7.

김정은의 총선, 대선 개입 지령에서 밝힌 "진보세력의 대단합"
이란 통일전선전술을 의미하는 것인데, '진보정당' 통합을 넘
어 더 높은 수준의 통일전선전술인 '반보수대연합'까지 이루
어내 승리하라는 의미로 이해된다.

3) 2020년대, 북한의 대남공작

충북동지회 간첩단사건

2021년 9월 "자주통일 충북동지회(약칭 충북동지회)" 간첩단사건
이 발생해 관련자들이 국가보안법 위반 혐의로 구속수사를 받
았다. 충북동지회는 북한 조선노동당 통일전선부 산하 문화교
류국(전 225국)의 지시를 받아 간첩 활동을 했다는 혐의다.

북한 공작기관이 충북동지회를 지하당으로 포섭한 것은 2017
년 들어와서이며, 첫 지령을 내린 것은 문재인 정권 출범 다음
달인 2017년 6월이다. 이후 적발된 2021년 9월까지 약 4년여
간 지령을 내렸고, 충북동지회는 북한의 지령을 수행했다.

북한 공작기관은 충북동지회에 2021년 5월까지 84차례에 걸
쳐 암호화된 파일 형태로 지령문을 내리고 보고문을 올렸다.
지령 내용은 F-35A 도입 반대, 김정은 북한 국무위원장의 답
방 분위기 조성, DMZ 평화인간띠 활동, '조국 사태'와 관련된
중도층 '포섭' 선전 활동, 반미(反美) 감정 확산 등 정치, 외교

등 다양한 분야에 걸쳐 있는데, 특히 선거, 정당 관련 사항을 집중적으로 하달했다. 주요 내용은 ▷2019년 6월 22일 : '다음 총선(2020년 4·15 총선)에서 OO당을 참패로 몰아넣고 그 책임을 황OO에게 들씌워 정치적으로 매장해버리는 것을 기본전략으로 틀어쥐어야 한다', ▷2021년 4년 19일 : '보수 패당의 집권 야망을 짓부수어버리는 것을 회사의 당면 투쟁과업으로 내세워야 한다'[42] ▷2020년 7월 18일 : 충북동지회가 문화교류국에 보낸 통신문 : "OOO가 민주진보개혁세력의 대선후보로 광범위한 대중조직이 결집될 수 있도록 본사에서 적극적인 조치를 취해달라"('본사'란 충북동지회가 북한을 지칭한 용어) 등이다.[43]

(2) 2000년대 이후, 대한민국 내 좌익·좌경세력의 폭발적 공세
1) 김대중 정부 시기(1998.2-2003.2)
2000년 6월 남북정상회담 이후, 종북·친북단체들 우후죽순 결성

김대중 대통령은 2000년 6월 북한에 가서 남북정상회담을 개최했는데, 이를 계기로 대북 햇볕정책을 추진했다. 이후 종북·친북세력은 이러한 남북교류 분위기에 편승하여 조직과 세력을 확장했다. 새로운 종북·친북 성향 단체들도 속속 등장

---

42) 조선일보, "북한 '反美·反보수' 총선·조국 등 현안마다 지령", 2021.8.9.
43) 데일리안, "'OOO에 대중 결집되도록 조치' 충북동지회 北통신문 충격", 2021.10.17.

했다. 이를테면, 2000년 7월 국보법폐지국민연대, 2000년 10월 공동선언실천연대(약칭 실천연대)와 통일뉴스(언론단체) 등이, 2001년 3월에는 통일연대, 불교평화연대, 민족21(언론단체) 등이 결성되었다. 연이어 6·15청학연대(2002.11), 민중연대(2003.5), 연방통추(우리민족연방제통일추진회의, 2004.10), 6·15공동위(2005.3) 등이 결성되었다. 또한 기존의 전국연합, 민노총, 전교조, 범민련, 한총련, 평통사, 전농 등 각종 좌익·좌경 단체들도 남북교류 및 통일관련 행사 등 활동을 크게 늘렸다.

연대단체로는 1991년 만들어진 전국연합에 이어 이적단체로 판결이 난 실천연대(6·15남북공동선언실천연대, 2000.11)를 비롯해 통일연대(2001.3), 민중연대(2003) 등도 결성되었다. 통일전선 단체들은 2007년 대선을 앞두고 진보연대라는 새로운 전선체 조직으로 통합되었다. 이러한 전선체를 통해 민노총, 전교조 등 다양한 분야별 조직들을 연계하는 연대 활동 역량을 강화해 갔다.

주사파, 2000년 들어 본격적인 굴기(실력 드러냄) 행보 본격화

주사파들은 1990년대에는 숨어서 힘을 기르는 도광양회(韜光養晦)의 시기였다면, 2000년 들어서는 숨기지 않고 투쟁역량을 드러내는 굴기(屈起 : 우뚝 일어선다)의 시대로 나아갔다. 2000년대 주사파의 굴기 방법은 두 가지 방향(two track)으로 나타났다. 계기가 있을 때마다 촛불시위 등 광장투쟁운동으로 나아가고, 다른 한편으로는 민노당 등 합법정당으로 들어가는 것이었다. 합법적 정당으로 들어가는 것은 선거를 통해 정권을 장악하려는 목적과 대중운동단체들의 투쟁역량을 정치적으로 강화하려는 목적도 있었다.

첫째, 촛불시위 등 광장투쟁운동이나. 2002년 효순·미선 촛불시위를 시작으로 한 광장투쟁이다. 1990년대를 통해 확보한 조직력과 연대력을 바탕으로 광장에 나와 힘을 과시하는 현장투쟁이다. 투쟁의 소재는 크게 보면, 반미, 반일, 친북, 친중, 반대한민국, 친사회주의 등이다.

반미 시위로는 2002년 미군장갑차에 의한 의정부 여중생 사망사건 촛불시위(효순·미선사건 촛불시위), 2004-2007년 평택미군기지 이전반대시위, 2005년 맥아더동상 파괴기도 시위, 2007년 한미FTA 반대시위, 2008년 미쇠고기 수입반대 촛불시위(광우병 촛불시위) 등이 있다. 이외에도 정신대대책위의 반일집회(수요집회, 소녀상 전시활동 등), 제주강정마을 해군기지 건설 반대시위, 국가보안법 폐지 시위, 사드 반대시위 등도 있다.

둘째, 제도권 정당으로 들어가는 방향이다. 종북·친북세력은 선거를 통해 합법적으로 정권을 장악하기 위해 민노당 등 제도권 정당으로 들어가 당권을 장악하고 이를 중심으로 세력을 결집해 정권을 장악하는 방향으로 나아갔다. 이 계기가 전국연합이 개최한 이른바 '군자산의 약속' 이다.

전국연합, '군자산의 약속' (2001.9)

종북·친북세력의 통일전선체인 전국연합은 2001년 9월 충북 괴산군 보람원수련원에서 700여명이 모여 이른바 「9월 테제」 (일명 "군자산의 약속")를 결의하였다. "3년의 계획! 10년의 전망! 광범위한 민족민주전선, 정당 건설로 '자주적 민주정부' 수립하여 연방통일 조국 건설하자!"라고 했다. 핵심 논의 내용은 NL파가 3년 안에 민족민주정당('종북·친북 성향 정당')을 건설하고, 이 당을 발전시켜서 10년 안에 '자주적 민주정부 수립'('종북·친북 성향 정권')을 수립하여 북한과 연방제로 통일한다는 계획이었다. 구체적으로 표현하면 주사파가 민노당에 들어가 2004년까지 민노당의 당권을 장악하고, 2012년 대선에서 정권을 잡은 후, 북한과 연방제로 통일한다는 것이다.

NL파는 군자산의 약속에 따라, 대거 민노당에 들어가 속속 지구당을 장악했고, 2004년경 당권마저 장악했다. 그해 민노당은 국회의원 한 명도 없던 정당에서 노무현 대통령 탄핵사건을 활용하여 17대 총선(2004.4)에서 국회의원 10명을 당선시켜 어엿한 제도권 정당이 되었다. 2006년 초에는 NL파 중에서도 가장 급진적인 이석기의 경기동부연합이 민노당의 당권을 장악하기에 이르렀으며, 이후 한 번도 당권을 놓치지 않았다.

2) 노무현 정부 시기(2003.2~2008.2)

일심회 간첩사건

2006년 10월 일심회 간첩사건이 적발되었다. 일심회 간첩사건은 북한의 대남공작기관인 대외연락부가 민노당 이정훈 중앙위원과 최기영 사무부총장 등을 포섭하여 이들로부터 민노당 내부 정보를 확보한 후, 민노당 내에 경기동부연합(이석기 그룹) 인맥을 심는 공작을 하다가 적발된 사건이다. 북한의 대외연락부는 2005년 말 일심회에 민노당 당권장악 지령을 내렸는데, 2006년 초까지 거의 그대로 이루어졌다. 즉 이석기그룹의 핵심인물인 이용대가 정책위의장 자리를 차지했고, 문성현 당시 비대위원장이 당대표 선거에 당선, 당권을 장악한 것이다.[44] 또한, 북한 대외연락부는 경기동부연합이 주도하는 "서울모임"으로 하여금 민노당 서울시당을 침투하도록 지령했는데, 이에 따라 경기동부연합은 줄줄이 서울시당으로 진입해 주도권을 장악했다.

---

44) 동아일보, "[통합진보, 종북−폭력의 그림자]2005년말 北 "경기동부 이용대 박아넣어라"… 北 지령이 민노당직 좌우했다.", 2012.5.19.

결국, 일심회사건이란 북한 정권이 경기동부연합을 민노당 중앙당 및 서울시당 등 곳곳에 침투시켜 민노당의 상부와 하부를 완전히 장악하게 한 사건이다. 이를 통해 북한은 민노당을 리모트 컨트롤할 수 있도록 정치공작을 한 것이다. 이는 북한이 이석기 주도의 경기동부연합, 더 엄밀하게 말하면 잔존 민혁당 세력인 이석기를 얼마나 신뢰했는지를 알게 하는 증거이다.

노무현 청와대, 일심회사건 수사 방해

국정원은 2006년 10월 일심회 주동자 5명을 구속하여 수사를 시작하자, 청와대 등 곳곳으로부터 상당한 수사 방해 압박을 받았다. 실제 일심회 수사가 한창이던 10.27 김승규 원장이 전격적으로 경질되었다. 일심회사건 수사는 특이했다. 일반적으로 공안사건의 경우, 구속 피의자들이 그간 접촉한 인물들을 광범위하게 조사하는데, 구속 피의자 1명 당 20여명에 이르는 참고인 등 관련자 조사를 하는 것이 관례였다. 그러니까 구속 피의자가 5명인 경우, 관련자 조사가 100여명(5×20명)에 이르렀다. 그러나 일심회사건에서는 구속피의자 5명을 포함하여 6명만 조사하는 데 그쳤다. 수사를 확대하지 못하도록 내·외부의 상당한 압박이 있었다는 반증이다. 서울시당으로 침투한 간첩망을 수사할 수 없었다. 김승규 전 원장도 통합진보당 사태 발생 직후인 2012년 5월 30일 자 동아일보와의 인터뷰에서 청와대의 압력이 사실임을 분명히 했다. 당시 상황을 잘 아는 한 인사는 "민노당 내에 뿌리 내린 일심회사건 연루자들을 제대로 수사했으면 아마도 민노당이 공중분해 되었을 것인데, 참으로 안타깝다"고 말했다. 이로써 민노당에 뿌리내린 북한 간첩망의 그 일부만 처벌되고, 전모가 드러나지 않은 채 묻히고 말았다. 경기동부연합은 당시에도 청와대에 압력을 행사, 사건 수사를 중단시킬 만큼 정치적 영향력을 가지고 있었다.

3) 이명박 정부 시기(2008.2-2013.2)

민노당 분당사태 발생, PD파 탈당 진보신당 창당(2008.3)

일심회사건 이후 민노당 내 정파 간 내분이 일어났다. 이석기 중심의 당권파인 범경기동부연합에 대해 비당권파인 노회찬, 심상정 등 PD파 중심의 비당권파가 반발한 것이다. 이유는 일심회 간첩사건에 연루된 최기영 사무부총장과 이정훈 중앙위원 제명 문제를 둘러싼 갈등 때문이었다. PD파는 이들이 북한의 지하당 일심회에 포섭되어 민노당 내부 자료를 북한에 넘겨주는 등 간첩행위를 했기 때문에 제명해야 한다는 입장이고, 당권파인 경기동부연합에서는 "동지를 어떻게 제명할 수 있느냐?"며 거부했다. 왜 당권파는 최기영 등을 제명할 수 없었을까? 최기영은 외대용인캠퍼스 85학번으로, 이석기(외대용인캠퍼스 82학번)의 직속 후배이자 용성총련부터 같이 활동해온 혁명 동지였기 때문이었다. 동지애를 중시하는 경기동부연합으로서는 최기영을 제명하는 것이 불가능했다.

민노당 내 정파 간 갈등은 2008년 총선을 1달 앞둔 3월 폭발했다. 노회찬, 심상정 등 PD파는 "종북세력과는 정치를 같이할 수 없다"며 자신들이 만든 민노당을 경기동부연합에게 빼앗기고 탈당해 진보신당을 만들어 외로운 길을 걸어갔다. 이와 관련, 민노당을 잘 아는 인사들은 경기동부연합의 민노당을 거칠게 비판했다. 전 민노당 당원인 진중권 교수는 2008년초 PD계열이 민노당을 탈당할 당시 이렇게 말했다. "그들은 남한의 민중을 위해 활동하는 게 아니라 본사(북한 공작기관)를 위해 일한다. 민노당을 자기 당으로 생각 안 하고 저쪽 당(북한 조선 노동당)을 자기 당이라고 생각한다"45)

이명박 정부, 광우병사태와 중도실용론

좌익 · 좌경세력은 이명박 정부가 들어선 후 불과 2개월 만에 미 쇠고기 수입반대 촛불시위(2008.5-8)를 일으켜 3개월간 광화

---

45) 중앙일보, "최기영 '북 핵실험 목표는 통일 이정표 세우는 것'", 2012.5.12.

문광장을 뜨겁게 달구었다. '미국소=광우병 걸린 소' 라는 선동 프레임으로, 정부의 통치권을 무력화시켰다.

2008년 광우병 사태는 3개월간 이른바 우경정부를 무력화시킬 만큼 좌익·좌경세력의 광장투쟁 역량이 더욱 커지고 있음을 드러낸 사건이었다. 언제 어떤 기회를 포착하여 우경정권을 허무느냐의 문제만 남았다. 이명박 정부는 광우병사태로 좌익·좌경세력의 위험성을 깨달았으나, 중도실용론을 펴 그들과의 투쟁을 회피했다.

2012년 총선과 대선, 그리고 경기동부연합

2012년 4월 총선과 12월 대선이 다가왔다. 민노당의 당권파 경기동부연합은 2012년 총선, 대선 승리를 위해 어떻게 할 것인가 전략을 짜고 실행했다. '진보대연합', '반보수대연합' 전술을 활용하여 민주당과 공동정권을 수립하는 방향으로 나아갔다.

민노당은 우선 몸집을 키우기 위해 국민참여당, 진보신당 탈당파 등을 끌어들였고, 2011년 12.13 통합진보당(약칭 통진당)을 창당했다. 민노당을 통합진보당으로 확장 개업한 경기동부연합은 총선 1달 전인 2012년 3월 민주당(민주통합당)과 야권연대를 성사시켰다.

통합진보당은 민주당과 야권연대(후보 단일화) 협상을 통해 민주당의 대폭적 양보를 받아내 2012년 4월 총선에서 13명의 국회의원을 당선시켰다. 통진당의 당권파의 핵심인 이석기 등 경기동부연합 소속이 대거 당선되었다. 통진당은 220여만 표를 득표하고 10.6%의 국민지지율을 얻었다. 통진당 입장에서는 놀라운 성공을 거둔 것이다.

그러나 총선 직후인 5월 통진당 내에서 내분사태가 발생했다. 총선 전 비례대표 선출과정에서 최초로 온라인투표가 실시되었는데, 이때 이석기 등 선출에 극심한 온라인 부정투표가 발생한 것이다. 이에 PD파가 부정투표에 대해 격렬히 저항했고, 5명이나 구속되는 사태가 일어났다. 2-3개월 간 지속된 내분사태로 통진당 내부에 있는 심각한 문제들이 언론을 통해 국민들에게 공개됐고, 10%에 이르던 국민지지율이 2-3%로 추락했다. 이에 민주당은 하는 수 없이 통진당과의 대선 야권연대를 깨고 단독으로 문재인 후보를 내세워 12월 대선에 임했는데, 박근혜 후보에게 당일 역전당해서 졌다는 이야기가 있을 정도로 박빙이었다.

만약 2012년 총선 후 통합진보당 내에서 비례대표 부정선거 문제가 불거지지 않았다면 야권연대는 그해 12월 대선에까지 이어졌을 것이고, 이변이 없는 한 12월 대선에서도 선거연대를 이루어 통진당(이석기)과 민주당(문재인)의 공동정권이 등장할 것이 분명해 보였다. 통진당의 당론은 주한미군 철수, 국가보안법 해체, 북한이 주장하는 연방제 통일 등이다. 2012년 대선에서 민주당과 통진당의 공동정부가 구성되었다면, 어떤 정당이 주도권을 가졌을까? 통진당이었을 것이다. 그 이유는 민노총, 전교조 등 좌익·좌경단체들을 컨트롤하는 정치적 중심점이 바로 통진당이었기 때문이다. 그 배후를 음으로 양으로 지원하는 북한이 있기 때문이기도 하다.

2012년 총선과 대선을 앞두고 야권연대 문제가 공론화되던 시기인 2011년 8월 경 한 민혁당 출신 인사는 "민주당이 민노당과 선거연대를 하는 것은 선거에 승리하기 위한 정치공학에 따른 것이다. 민주당은 민노당을 컨트롤할 수 있을 것으로 보는데, 대착각이다. 전혀 컨트롤할 수 없을 것이다. … 민주당은 민노당의 실체를 잘 모르는 것 같다."라고 말했다.[46]

이렇듯, 대한민국은 절체절명의 위기 속에서 2012년 대선을 지나갔으나, 대부분의 국민들은 대한민국이 어떤 위기 속에 있는지 알지 못했다.

---

[46] 2011년 8월경 민노당이 '진보대통합정당을 구성하고 민주당과 야권연대를 한다'는 구상이 밝혀지자, 주사파의 대부 김영환도 2011년 8월 27일 중앙일보와의 인터뷰에서 이렇게 말했다. "현재 민주노동당 주변에 있는 남한 주사파의 핵심세력이 야권 통합 이후 정치권이나 정부의 핵심조직에 들어간다면 상상하기 힘들 정도로 치명적인 상황이 일어날 수 있다."

4) 박근혜 정부 시기(2013.2-2017.3.10)

박근혜 대통령 시기는 대한민국 현대사에서 급변기다. 30여 년 간 조직력과 투쟁력을 키워온 좌익·좌경세력이 광장투쟁과 법적투쟁(대통령 탄핵)을 통해 대통령을 퇴진시키고, 그들이 정권을 장악한 것이다.

박근혜 정부 시기에 일어난 좌익·좌경세력의 양상을 살펴보기로 한다.

이석기의 RO사건 발생

박근혜 정부가 출범하고 6개월 뒤인 2013년 8월 수사당국에 의해 이석기 통진당 의원이 주도한 RO회합사건이 드러났다. 이 사건은 이석기 의원이 자신이 관리하는 RO조직원들(130-150여 명)을 불러모은 후, 북한군이 남침할 때 이에 내응(동조)하여 전신전화국, 유류창고, 변전소 등 국가의 기간시설 폭파 등을 모의한 내란선동사건이다. 이석기 의원은 재판 결과 내란선동 혐의로 9년 형을 선고받고 복역하다 2021년 12월 대통령 특별사면으로 풀려났다.

이석기의 RO 회합사건이 드러나기 직전, 주사파에서 전향한 이종철 전 고대총학생회장이 2013년 5월 조선TV에 출연하여 종북세력에 대해 이렇게 증언했다.

"많은 사람들이 종북세력, 주사파의 실체를 잘 모르시는 것 같아요. 종북세력이라고 하면 북한에 어느 정도 우호적이거나 김일성에 대해 어느 정도 좋게 평가하는 사람들 정도로 (생각하는 것 같아요). 그러나 종북세력, 주사파는 철저히 북한의 지령에 따라 대한민국을 전복하려고 하는 세력입니다. 대한민국을 혁명하겠다고 하는 세력이죠. 그리고 대한민국을 주체사상의 조국 북한과 같은 나라로 만드는 것입니다. 대한민국을 혁명하고 대한민국의 자유민주주의체제를 전복해서 북한의 사회주의체제를 만드는 것이고 궁극적으로 북한의 김정은을 통일대통령으로 만드는 것입니다.

... 저는 북한이 무너지기 전까지는 대한민국에서 주사파가 없어지지 않는다고 봅니다."

이석기 RO사건이 밝혀진 후, 정부는 이석기가 주도하는 통진당의 실체를 깨닫고 해산을 추진했다. 통진당은 2014년 12월 헌법재판소에 의해 정당 해산 결정이 내려졌고, 이석기, 김미연 등 국회의원 13명은 국회의원직을 상실했다. 그러나 통진당 소속 지방의원은 그 직을 유지했고, 통진당 소속원들에 대한 별도의 조치는 없었다. 통진당이라는 항아리만 깼을 뿐, 그 내용물은 없어지지 않고 각자 어디론가 다른 곳으로 흩어져 들어갔다.

제3장

대한민국을 위협하는
공산 · 사회주의

01 사회주의와 공산주의에 대한 이해

우리나라 국민들은 6 · 25전쟁을 겪은 탓으로 공산주의라고 하면 위험시하면서도 사회주의라고 하면 별로 위험시하지 않는 경향이 있다.

"사회주의! 괜찮지 않아요? 유럽이 사회주의를 하는데도 잘 살던데요?"

이들이 갖는 사회주의란 북한과 중국 같은 나라가 아니라 스웨덴, 네덜란드 같은 나라나 영국의 노동당, 독일의 사민당 등 유럽의 사회민주주의(약칭 사민주의) 정당을 염두에 둔 것이다. 영국 블레어 전 총리 등이 내세운 제3의 길 정도로 생각하고 있는 듯하다.

사회주의는 세분하면 복잡하고 다양하지만 크게 몇 가지로 나눌 수 있다. 혁명적 사회주의(공산주의), 민주적 사회주의, 사회민주주의(사민주의)가 그것이다. 그리고 네오막시즘, 중국형 변종공산주의 등 변형 사회주의도 있다.

첫째, 혁명적 사회주의인데, 공산주의라고도 한다. 폭력혁명을 통해 정권을 장악한 후 자유민주주의체제를 와해하고 인민민주주의→사회주의체제로 변혁하려는 것이다. 공산주의자들이 공산주의라고 하면 대중들이 혐오하기 때문에, 이를 감추고 그냥 사회주의로 말하거나 혁명적 사회주의자라고 부른다. 더욱 각색하여 진보적 민주주의, 민중민주주의, 인민민주주의라고 선전하는 것이다. 해방 직후 공산주의 소련이 북한을 공산화하기 위해 들어왔으면서도, 이를 숨기기 위해 공산주의, 사회주의라는 말을 일체 하지 않고 '진보적 민주주의', '인민민주주의'라고 포장했다.

"요즘 공산주의가 어디 있어?"라는 사람들도 있는데, 사실 그렇지 않다. 1980년대 좌익운동권이 추구했던 노선(PD파, NL파)은 혁명적 사회주의 즉 공산주의였다. 현재 북한 조선노동당도 2021년 초 당강령에 10여 년 전 삭제했던 '공산주의' 명칭을 부활시켰다.

혁명적 사회주의, 공산주의라고 하면 무조건 폭력혁명만으로 체제를 바꾸는 줄 아는 사람들이 많은데, 그렇지 않다. 폴란드,

형가리, 동독 등 자유민주주의체제였던 국가들을 공산화할 때
는 기존의 여·야 정당과 선거, 의회에 의한 헌법·법률 제·
개정 등의 합법적 방법을 많이 활용했다. 다만 선거에서 승리
하기 위해 정당통합, 야당 탄압과 부정선거, 학살 등 다양한 방
법으로 불법적 방법도 혼합해서 활용했던 것이다.

둘째, 민주적 사회주의이다. 선거를 통해 정권을 잡고 의회에
서 헌법, 법률 개정 등 합법적인 방법으로 자유민주주의체제를
사회주의체제로 변혁하는 노선이다. 민주적 사회주의는 체제
변혁 절차가 의회적, 합법적일 뿐 이루고자 하는 사회주의 내
용은 공산주의와 같다. 합법적 방법으로 자유민주주의체제를
허물 수 있다는 것은 그만큼 반체제세력이 그 사회 속에 장기
간, 광범하게 확산되어 왔다는 의미이다. 미국의 샌더스 의원
등이나 문 정권 주도세력이 그런 범주에 속할 것이다. 아르헨
티나의 페론 정부나 베네수엘라의 차베스-마두로 정권도 그런
범주에 속할 것이다. 그런데, 민주적 사회주의도 불법선거, 야
당 탄압, 기독교 탄압 등 교묘한 방법으로 선거, 의회 절차, 언
론, 기독교 탄압 등 자유민주주의 질서를 훼손하는 경우가 많
아 '혁명적 사회주의'(공산주의)와 구별이 모호한 경우가 많다.

셋째, 사회민주주의(사민주의)인데, 전향한 사회주의이다. 영국
노동당, 독일의 사민당 등의 노선이다. 사회주의의 일종이기는

하나, 자유민주주의체제를 파괴하려 하지 않고 자유민주주의체제 내에서 노동계급이 주도권을 갖고 복지 등을 강화하겠다는 입장이다. 과거 공산주의식 폭력혁명을 통한 혁명적 사회주의를 추구하는 것을 포기하고 자유민주주의를 인정하는 방향으로 전환했다는 점에서 앞의 둘과 다르다.

우리나라에서 주도권을 가진 사회주의세력의 다수는 자유민주주의를 긍정하지 않는 사회주의세력으로서, 자유민주주의와 공존이 불가능하다. 우리나라에도 유럽식 사민주의를 추구하는 세력이 상당수 있기는 하지만 공개적으로 내세우는 사람들은 극소수(주대환 등)이고 대체로 그 노선을 숨기는 경향이 있다. 좌익세력이 사민주의자에 대해 변절자 등으로 매도하고 '왕따' 시키기 때문이다. 이제 사민주의세력(좌익)도 자신의 생각을 숨기지 말고 반대한민국세력(혁명적 사회주의, 민주적 사회주의)과 절연하고 독립선언을 해야한다.

02 북한과 반대세 좌익세력의 사상적 바탕은 마르크스 공산주의

(1) 대한민국세력이 공산주의 통찰해야 할 이유

대한민국은 북한의 위협 아래 놓여 있는데, 북한은 정권수립

후 지금까지 남한 공산화를 한 번도 포기한 적이 없다. 북한은 1948년 이후 꾸준히 '공산주의국가'임을 내세웠는데, 2010년 노동당 규약에서 '공산주의' 용어를 삭제했다가 2021년 1월 다시 복원했다. 이는 북한이 남한 공산화를 포기하지 않았음을 의미한다.

현재 대한민국을 주도하는 반대세 좌익세력은 북한의 주체사상과 함께 마르크스-레닌주의를 학습했던 이들이다. 현재 대한민국은 중국공산당으로부터도 위협을 받고 있다. 그러므로 대한민국세력은 이들과의 체제전쟁에서 패하지 않기 위해서는 공산주의 사상을 반드시 알아야 한다.

특히, 우리나라 국민들은 생각보다 공산주의, 사회주의에 대해 낭만적이고 관용적으로 생각하는 경향이 있다. "젊어서 공산주의 아닌 사람은 가슴이 없다"거나 "한 때 젊어서 그럴 수도 있지", "공산주의는 이론은 좋으나 현실이 나쁘다" 등으로 말하는 것을 보면 알 수 있다.

과연 공산주의는 이론이 좋은가? 공산주의 역사에서 1억 명이나 무고한 인명을 학살했으니 현실이 나쁜 것은 알겠는데, 왜 이론은 좋다고 생각하나? 우리 국민들의 머릿속에 있는 공산주의에 대한 잘못된 이해는 바로 공산주의자들이 내세우는 포장용, 선전용 용어에 속은 탓이다. "가난한 자들이 주인이 되는 세상", "민중이 진짜 잘 사는 나라", "착취가 없는 나라", "모두가 다 같이 평등하게 잘사는 나라"... 그래서 사상에 대한 이해가 없는 일반인들이 듣기에는 "공산주의는 휴머니즘적인 이데올로기"라고 착각을 불러일으킨 것이다. 이들의 사탕발림 말에 속지 않기 위해서도 공산주의 사상의 실체를 제대로 공부해야 한다. "아름다운 가게"라고 간판을 했다고 아름다운 가게가 아니다. 이름은 선전용이니까 이름에 의미를 두지 말고 본질을 깊이 관찰해야 한다.

(2) 마르크스 공산주의이론 알아보기

1) 철학이론

마르크스의 철학이론에는 유물변증법과 이를 역사에 적용한 사적유물론(유물사관) 등이 있다.

첫째, 유물변증법은 마르크스가 헤겔의 철학이론인 변증법과 포이에르바하의 유물론을 결합하여 만든 것이다. 헤겔은 '역사는 正-反-合47)의 끊임없는 과정을 통해 발전하는데, 이 변

---

47) '정-반-합'의 변증법을 쉽게 이해하려면, 어떤 주제를 가지고 논쟁을 벌이는 토론장을 생각해보면 된다. 어떤 사람이 특정문제를 풀기 위한 대안을 제시한다. 이에 대해 반대하는 사람이 원인과 처방이 잘못되었다며 비판하고 새로운 반대 대안을 제시한다. 이러한 두 안을 토론하다 보면, 두 안의 장점과 단점들이 드러난다. 따라서 처음의 안(正)과 새로운 반대안(反)을 아우르는 통합의 방안(合)이 도출된다는 것이다.

화를 이끄는 동력은 절대정신이다'라고 주장했다. 마르크스는 헤겔의 변증법에서 절대정신을 빼고 그 자리에 유물론을 넣어 유물변증법을 만들었다. 유물변증법이란 '정-반-합의 역사발전의 원동력은 물질이다'라는 이론이다. 물질이란 경제를 의미한다.

둘째, 역사철학인 사적유물론은 유물변증법의 정-반-합의 역사발전의 원리를 현실 역사에 적용한 것이다. 역사의 변천과정을 원시 공동사회-고대 노예제사회-중세 봉건사회-근대 자본주의사회-공산사회의 5단계 발전단계를 상정하고 있다. 고대 노예제사회(正)에서 점차 사회적 모순으로 계급투쟁(反)이 일어나 중세 봉건사회(合)로 변해가고, 중세 봉건사회(正)도 사회적 모순으로 계급투쟁(反)이 일어나 근대 자본주의사회(合)로 진보한다. 근대 자본주의사회(正)도 또 다른 사회적 모순으로 계급투쟁(反)이 일어나 공산사회(최종 合)로 진보한다는 것이다. 공산사회는 모두가 능력에 따라 일하고 필요에 따라 분배한다는 이상사회로, 이를 역사발전에서 최종적 귀착점으로 본다. 이러한 5단계로 사회를 진보하게 하는 원동력은 바로 경제력이라고 보았다. 사회를 구성하는 하부구조인 경제력이 변하면 정치·법률·예술 등 상부구조가 종속적으로 변하여 새로운 사회로 진보(변혁)해 간다는 것이다.

2) 정치이론

마르크스의 정치이론에는 계급투쟁론·폭력혁명론·프롤레타리아독재론 등이 있다. 계급투쟁론은 한 사회 내에 존재하는 두 계급이 대립·투쟁하여 폭력혁명이 일어난다는 이론이다. 한 사회를 구성하는 경제관계는 생산수단을 소유한 계급과 생산수단을 소유하지 못하고 착취당하는 계급에 의해 이루어진다는 것이다. 이를테면 고대의 노예주와 노예의 관계, 중세의 봉건영주와 농노와의 관계, 근대의 자본가와 노동자의 관계가 그것이다. 이런 경제체제를 둘러싼 두 계급 간의 갈등이 심해지면 결국 착취당하던 계급이 폭력혁명을 일으켜 이전의 체제를 무너뜨리고, 다음의 단계로 진보한다는 것이다. 자본주의의 경제관계를 부르주아계급이 프롤레타리아계급을 착취하는 구조로 본다. 두 계급의 대립이 한계점에 이르면, 노동자들이 폭력혁명을 일으키게 되고, 결국 자본가들을 타도하고 자본주의사회→사회주의, 공산주의사회로 변혁한다는 것이다.

그리고 프롤레타리아혁명이 성공해도 바로 사회주의, 공산주의사회로 가는 것이 아니다. 일정기간 프롤레타리아독재체제라는 과도기간을 거친다. 부르주아계급이 가진 생산수단을 빼앗아 프롤레타리아계급이 주도하는 국가의 수중에 집중시켜야 하기 때문이라는 것이다. 프롤레타리아독재체제를 통해 자본주의체제의 잔재를 완전 소멸시킨 후 사회주의, 공산주의사회로 이행한다는 것이다.

3) 경제이론

마르크스는 자본주의 필멸론('반드시 멸망한다')을 먼저 선포해놓고, 사후적으로 자본주의경제학을 연구하여 '자본주의가 왜 착취구조이고 혁명이 일어날 수밖에 없는가?'에 대한 경제학적 근거를 만들었다. 이것이 마르크스가 저술한 자본론이다.

마르크스의 경제이론은 노동가치설 · 잉여가치설 · 착취설 등으로 구성되어 있다. 노동가치설이란 모든 생산품의 가치는 투입된 노동의 가치로만 결정된다는 것이다. 원래 생산품의 가치는 투입된 자연, 노동, 자본, 기술의 결합물이다. 자동차 등 어떤 상품의 가치는 경제활동이 이루어지는 자연생태계, 투입된 노동자의 노동력과 자본가의 자본력(공장, 기계, 자본, 경영자 능력 등), 그리고 기술혁신 등이 종합되고, 수요-공급 원리에 따라 시장에서 결정되는 것이다. 그런데, 노동가치설에서는 가격을 정하는 다른 요소들을 빼버리고 노동자의 기여도만 인정했다. 상품의 가치는 오로지 노동자들이 만든 것이라는 관념이다. 따라서, 기업가들이 가져가는 이익은 원래 노동자들이 가져야 할 몫을 착취하는 것으로 본다. 이는 기업경영 실상을 전혀 무시하고 "노동자 여러분! 분노하라. 당신이 가져야 할 돈을 자본가가 빼앗아 가고 있다. 자본가를 없애고 자본주의체제 자체를 없애고 우리가 주인이 되는 세상을 만듭시다"라며 선동하는 논리일 뿐이다.

마르크스 자본론의 핵심은 '노동자들이 폭력혁명을 일으킬 수밖에 없고, 자본주의가 몰락할 수밖에 없다'는 결론을 도출하는 데 있다. 마르크스의 철학·정치·경제이론도 모두 자본주의체제를 몰락하고 사회주의, 공산주의체제의 사회로 변혁하는 것이 역사의 필연이라는 결론을 도출하기 위해 복잡다단하게 짜깁기한 선동이론이라 할 것이다.

03 마르크스 공산주의이론의 문제점과 변종공산주의 등장

마르크스이론의 문제점은?

첫째, 부르주아계급을 없애면 어떤 문제가 발생할까?

과거 소련, 동유럽(폴란드, 헝가리, 체코슬로바키아, 동독 등), 중공, 북한 등은 공산주의국가를 만든 후 마르크스이론에 따라 자본가를 착취세력이라고 생각하고 숙청하였다. 자본가가 했던 역할을 정부가 맡았다. 경쟁체제는 없어지고, 정부가 독점적으로 기업을 운영하였다. 기업 간 경쟁이 없으니 기술진보가 어렵고, 기업이익이 자신에게 돌아오지 않으니 제대로 경영하지 않고, 전문가가 아닌 공무원이 운영하니 성과가 떨어질 수밖에 없다.

둘째, 성과를 평등하게 나누면 무슨 일이 일어날까? 기업 운영자들이나 노동자들도 능력과 노력에 따라 결과물이 돌아오지 않기 때문에 열심히 일하지 않는다. 이러한 이유로, 국가기업들은 경쟁이 치열한 국제사회 속에서 살아남을 수 없고, 도태될 수밖에 없다. 국가 내 모든 기업이 그렇게 되면 국가도 당연히 빈곤해져 갈 수밖에 없다. 사회주의국가들이 평등하게 잘 사는 것으로 포장했지만 결국 몰락할 수밖에 없었던 것은 바로 자본가의 역할과 시장경쟁체제의 장점, 그리고 인간의 이기심을 무시했기 때문이다.

인간의 이기심은 나쁜 속성 아니다. 마르크스가 멸망할 것으로 예언한 자본주의체제는 오히려 발전을 거듭하였다. 그 이유는 자본주의가 남보다 더 잘 살고자 하는 인간의 본성적 이기심을 나쁘게 보지 않고 긍정적으로 보며 이를 만족시켜 주는 체제이기 때문이다. 인간은 누구나 더 잘 살고 싶어 한다. 열심히 일하면 더 많은 대가를 받을 수 있어, 열심히 일할 유인이 생기는 것이다. 모두 열심히 일하기 때문에 사회·국가도 발전하는 것이다.

셋째, 마르크스는 프롤레타리아독재체제가 과도적으로 존재한다고 했는데, 이 체제가 영속되고 있다는 것이 문제다. 공산·사회주의체제는 폭력혁명을 통해 자본가들을 숙청한 후 만드는 체제다. 따라서 체제변혁과정에서 생긴 많은 저항세력을 제거해야 하고, 이 체제를 유지하려면 잘살고자 하는 인간의 본능을 지속적으로 억압해야 한다. 따라서, 지속적인 감시와 통제, 억압체제를 유지하지 않을 수 없다. 그것도 정치뿐 아니라 경제까지, 심지어 가정, 개인의 심리까지도 감시, 통제하는 전체주의체제로 운영해야 하는 것이다.

마르크스-레닌주의, 무엇이 문제인가?

마르크스이론은 증명된 이론이 아니고 하나의 가설이었다. 마르크스의 가설이 틀렸다는 것을 안 것은 레닌이었다. 레닌은 "마르크스주의는 무슨 완결되고 완성된 불변의 학설이 아니다"라고 인정할 정도였다.[48] 레닌은 제1차 세계대전 때 각국의 노동자들이 단결하여 혁명을 일으키지 않는 모습을 보면서, 마르크스의 예언이 틀렸다고 판단하고 대안을 마련했다.

첫째, 그는 혁명을 기다리지 않고 전위당을 앞세워 혁명을 일

---

48) 윤원구, 『민주복지사회로 가는 길』(집문당, 1995), pp56-66.

으켜야 한다고 보았다. 레닌은 마르크스가 예언한 것처럼 혁명은 어느 단계에 가면 필연적으로 일어나는 것이 아니라는 것을 깨달았다. 그는 전위당(혁명의식으로 충만한 혁명가들의 정당인 공산당)이 혁명을 일으키고 성공시켜야 한다고 보았다. 결국 레닌의 러시아혁명도 겉으로는 프롤레타리아(노동자)계급 혁명이라고 포장하지만, 사실은 엘리트공산주의자 볼셰비키들에 의한 혁명이었다. 모든 공산혁명 정권도 선전과 달리 사실은 소수의 엘리트가 지배하는 체제이다. 프롤레타리아계급은 그들이 정권을 장악하는 과정에서 이용당하는 대상일 뿐이다.

둘째, 레닌은 혁명을 성공하기 위해 다양한 전략전술론을 개발해 활용했다. 용어혼란전술, 통일전선전술, 사법투쟁전술, 폭로전술 등이 그것이다. 결국, 공산주의란 공산엘리트들이 다양한 전략전술을 활용하여 정권을 쟁취하려는 사악한 이데올로기일 뿐이다. 공산주의를 아는 핵심은 그들이 정권을 잡기 위해 사용하는 다양한 전략전술론을 이해하는 것이다. 이것을 학습하지 않고 그들의 말을 액면 그대로 믿는다든가 그들이 제안하는 연대·연합하거나 그들과 협상하고 양보하는 것은 항복으로 가는 계단일 뿐이다.

셋째, 레닌은 정치권력을 장악하기 위해 무슨 짓이든 할 수 있다고 했다. 레닌은 "프롤레타리아정권 장악에 도움이 되는 것은 모두 '가치 있다. 선이다. 진리다'", "아무리 사실이라도 자신들의 정권장악에 도움이 되지 않으면, '거짓이다'"라고 말했다. 이러한 마르크스-레닌주의를 주입받기 때문에, 공산주의자들은 도덕과 양심에 어긋나는 일을 아무런 죄책감 없이 할 수 있는 것이다. 레닌은 "공산주의자는 법률 위반, 거짓말, 속임수, 사실 은폐 따위를 예사로 해치우지 않으면 안된다"고 말했고, "공산주의자 신조" 제10항에는 "어떠한 행위도-예컨대 살인이나 양친에 대한 밀고라도-공산주의의 목적에 도움이 된다면 정당화된다"고 규정하고 있다.[49]

넷째, 레닌이론의 핵심은 공산주의 본질을 숨기고, 달콤한 공약으로 대중을 선동하라는 것이다. 공산주의자들은 프롤레타리아계급의 이익을 내세우나 이는 속임수일 뿐이다. 어느 나라도 공산주의의 실체를 그대로 이야기한다면 모두가 싫어한다. 그래서 레닌은 항상 그 본심을 감추고 보다 인기있는 슬로건이나 정책을 앞세울 것을 강조했다. 레닌은 러시아혁명 때 노동자에게는 '빵을 주겠다', 농민에게는 '토지를 공짜로 주겠다', 군인에게는 '평화를 주겠다' (전쟁 중단 공약)는 달콤한 공약을 내세웠다. 공산주의자들이 "노동자가 주인이 되는 세상", "주민

---

49) 윤원구, 「공산주의의 본질」(건국이념보급회 출판부, 2014), pp101-105.

이 주인이 되는 세상", "마을민주주의" 등 달콤한 공약을 내세우지만 모두 노동자, 농민 등 민중을 선동하기 위한 사기이론인 것이다.

루카치와 그람시, '마르크스-레닌주의' 대체 이론을 만들다

1917년 러시아혁명에 영향을 받아 마르크스주의자로 변신한 게오르그 루카치(Georg Lukacs)는 1918년 헝가리혁명에 참가하여 잠시 정권을 잡은 벨라 쿤 공산정권의 교육부 차관직을 맡았었다. 그러나 공산혁명정권은 곧 실패했고, 밀려났다. 이후 루카치는 제1차 대전에서 서구 노동자들의 계급투쟁을 하지 않은 이유와 헝가리혁명이 실패한 이유 등을 분석하여 대안을 모색했는데, 그 결과물이 『역사와 계급의식(History and Class Consciousness)』(1921)이라는 저술이다. 서구에서 혁명이 실패한 이유는 서구의 노동자들이 계급의식을 깨닫지 못하기 때문이라며, 이들의 계급의식을 변화시키는 것이 혁명의 열쇠라고 보았다. 노동자계급의 눈을 가리는 것은 기독교문화라고 보고 이를 파괴하는 서구 인간의 의식혁명, 정신혁명을 이루어야 서구의 정치혁명이 가능하다고 본 것이다. 그의 주장은 정치적, 경제적 계급의식을 통해 혁명을 시도한 마르크스의 노선과 다른 것이었다. 루카치는 혁명의 수단으로 개인의 의식혁명, 정신혁명, 문화혁명을 해야 한다고 주장한 최초의 사람으로서, 최초의 마르크스주의 비판자로 평가된다.

그는 이미 헝가리 혁명정권 당시 교육부 차관에 있으면서 "누가 우리를 서구 문명으로부터 구원해줄 것인가?"라는 질문을 가슴에 품고 서구 문명을 파괴하기 위해 급진적 성교육 프로그램을 실행해 헝가리 사회의 도덕적 가치관을 파괴하는데 착수했었다. 루카치가 아동들에게 급진적 성교육 프로그램(성관계 강의, 성행위 묘사 안내책자 배포 등)을 실시하고 학생들에게 기독교의 도덕윤리관과 일부일처제와 부모와 교회의 권위를 거부하고 조롱하도록 부추겼다.[50] 루카치의 이러한 문화혁명 이론은 이후 등장한 다양한 문화적 투쟁을 주장하는 사람들에게 큰 영향을 미쳤고, 그람시는 그의 영향을 받은 사람 중 하나였다. 루카치는 독일의 프랑크푸르트학파 성립에도 지대한 영향을 미쳤다.

루카치의 영향을 받아 마르크스의 가설이 틀렸다고 주장하는 대표적인 사람은 이탈리아 공산주의자 안토니오 그람시였다. 그람시도 제1차 세계대전에서 각국의 노동자들이 연합하여 폭력혁명을 일으키지 않은 이유가 서구의 기독교 정신과 문화에

---

[50] 홍지수, 『트럼프를 당선시킨 PC의 정체』(북앤피플, 2019), pp24-25.

있다면서 이를 파괴해야 한다고 주장했다.

그람시는 먼저 노동자의 개념을 다시 규정했다. 마르크스는 노동자(프롤레타리아)를 육체노동자를 상정했는데, 그람시는 지식인도 노동자에 포함시켰다. 문화혁명의 주체는 이들이 있어야 했기 때문이다. 그람시는 '긴 행진' 즉 장기적인 문화혁명을 전개해야 마침내 혁명이 성취된다고 본 것이다. 그는 혁명을 성공하기 위해 타도해야할 대상은 부르주아계급이 아니라 공산혁명을 가로막는 가장 큰 장애물인 기독교정신과 문화에 기초한 가정, 교회 등이라고 보았다. 이 토대를 파괴해야만 공산혁명이 가능하다고 보는 헤게모니론을 설파하였다. 이를 위해 언론, 교육, 문화, 종교(특히 신학교육) 등 제도권 진지를 장악하고 오랜 기간에 걸쳐 반기독교 문화를 지속 전파하도록 했다.

04 공산국가 소련의 등장과 공산국가 전 세계 확산과정

마르크스 사상에 입각한 국가가 최초로 수립된 것은 공산당선언(1848)이 발표된 지 70년이 지난 뒤였다. 레닌에 의한 볼셰비키혁명으로 1917년 러시아→1922년 소련이라는 공산국가가 세계 최초로 수립된 것이다. 1922년 소련 하나로 출발한 공산국가가 어떤 과정을 거쳐 1970년대 말 전 세계의 1/3이나 공산국가가 되는 상태에 이르게 되었을까?

레닌의 공산주의 수출 노력, 외형은 실패했지만...

레닌은 1917년 10월 볼셰비키혁명을 성공한 후 자신감을 얻어 러시아-소련을 거점으로 한 세계 공산화 공작에 박차를 가했다. 레닌은 '공산혁명수출 제1기'(1917-1924) 동안 열심히 공산혁명 수출에 주력했다. 레닌은 우선 1919년 국제공산당조직인 코민테른을 창설했다. 또한, 그는 유럽과 동아시아 등에 공산주의 혁명을 전파하기 위해 공작금 지원, 선전선동, 조직화 등 다각도로 노력했으나, 그루지아와 외몽고를 제외하고는 모든 공산화 공작을 실패했다. 유럽의 독일(1918), 헝가리(1919), 오스트리아(1919), 슬로바키아(1919), 폴란드(1920), 이란(1921), 에스토니아(1924) 등에서 추진했던 공산화 공작들이 모두 실패했다.[51]

레닌은 동아시아지역으로 공산화 수출 공작도 추진했는데, 최초의 공산혁명 수출공작 대상은 바로 한인이었다. 한인은 동아시아에서 공산주의에 가장 먼저 가장 적극적인 관심을 보였기 때문이다. 레닌의 한인에 대한 공산혁명 수출은 처음에는 성공하는 듯했다. 블라디브스톡에 있는 이동휘를 포섭, 동아시아

---

51) 홍지영 · 안종석, 『세계공산화운동사』(한국사회사상아카데미, 1989), pp138-144.

최초의 사회주의정당인 한인사회당(1918)을 창당하게 했고, 나아가 상해 통합임시정부 수립시 이동휘를 국무총리 자리에 앉히는 데 성공했기 때문이다. 그러나 1921년 이동휘의 레닌 공작금 유용 사실이 드러나 이승만에 의해 모두 축출되고 말았다.

이렇듯, 레닌이 전 세계에 공산혁명의 씨앗을 뿌리는 공작이 겉으로는 실패한 것 같았으나 결코 헛된 것이 아니었다. 유럽과 미국은 물론 조선(한인), 중국, 동아시아 곳곳에서 그가 뿌린 공산·사회주의 사상과 조직이 뿌리를 내리고 있었기 때문이다.

공산·사회주의 확산에 대한 우익세력의 무기력

1920년대 들어 빠른 속도로 공산·사회주의 사상과 조직이 동아시아는 물론 유럽 전역으로 확산되어 갔다. 러시아·소련과 국제공산조직인 코민테른의 선전선동('모두가 평등하게 사는 세상')이 대중들의 마음을 사로잡았기 때문이다. 미국, 영국은 물론 유럽 각국은 처음에는 공산·사회주의의 본질과 위험성을 잘 몰랐다. 그런 사상적 무방비 상태에서 공산주의 사상이 빠른 속도로 전파된 것이다. 1920년대 공산·사회주의 확산에 대해 점차 경계심을 가진 우익세력들이 형성되기는 했으나 소련과 코민테른의 체계적인 선전 공세에 효과적으로 대응하지 못하고 우왕좌왕했다('공산주의를 비판하면 극우라고 매도').

그런 가운데, 1930년 전후에 반공적 전체주의체제가 등장했는데, 이탈리아 무솔리니, 독일의 히틀러, 일본 군국주의체제였다. 독일의 예를 들면, 힌덴부르크 대통령이 1당인 "국가사회주의 독일 노동자당"(나치당)의 당수 히틀러를 1933년 1월 총리로 임명한 이유는 공산당과 사회민주당이 세력이 커지자 공산당을 견제하기 위해서였다. 총리가 된 히틀러는 국회를 해산하고 1933년 2.27 국회의사당 방화사건(범인은 네덜란드 공산주의자)을 계기로 하루 만에 공산당원을 4,000여 명을 체포하고 총선(3.5) 후 81명의 공산당원 당선자를 무효화하는 등 탄압하여 전권위임법을 통과시켜 독재체제를 구축했던 것이다.

일본의 경우는 1920년대 초 일본 본토와 조선(한반도)에 공산·사회주의세력과 조직들이 기하급수적으로 늘어나면서 위기감을 가졌다. 일본은 천황을 신으로 섬기는 '국가신도'의 나라로 공산주의에 대해 일본체제를 위협하는 요소로 판단해 1925년 치안유지법이라는 반공법을 만들었고, 공산·사회주의 조직과 사상을 철저히 뿌리 뽑으려 했다. 한인 출신 공산주의자들은 일본의 강력한 반공정책 때문에 한반도에서의 활동이 거의 불가능했으므로, 만주, 중국, 러시아 등지로 가서 활동했다. 이에 일본은 만주, 중국, 러시아 지역까지 진출하여 반일 공산세력을 색출, 무력화하는 반공활동을 전개했다. 이러한 가운데, 일본은 군국주의화가 진행되고 1931년 만주사변, 1937년 중일전쟁을 일으키며 전쟁 속으로 빠져들었다.

유럽 각국들은 1920년대 들어 공산·사회주의가 대중 속으로 빠른 속도로 확산되었으나, 마르크스·레닌주의의 사상적 실체나 허점을 간파하지 못하고 효과적인 대응법도 개발하지 못했다. 자본주의를 비판하면 뭔가 아는 지식인, 공산주의를 비판하면 극우라는 프레임에 속수무책 당했다. 유럽을 휩쓰는 공산주의, 사회주의 쓰나미에 대해 정상적인 방법으로는 이 쓰나미를 막을 수 없다는 위기감을 가진 반작용으로 나타난 것이 이탈리아 무솔리니의 파시스트당, 독일 히틀러의 나찌당에 의한 국가전체주의체제였다.

우리는 여기서 반드시 짚어야 할 점이 있다. 북한이나 대한민국 내 좌익세력은 우익세력을 향해 '파쇼'(파시스트)라고 부르고, 반공을 거론만 하면 극우라고 매도한다. 1930년대로부터 지금까지 전 세계 좌익들은 그런 프레임으로 반공 우익정권(자유민주의정권)과 반공 우익세력(자유민주주의세력)을 비난해 왔다. 그런데, 이탈리아의 무솔리니와 독일의 히틀러도 좌익진영(사회주의진영)에서 출발한 사람이고 우익적(자유민주주의) 사상을 가진 사람이 아니었다. 전향을 했다는 고백도 없었고, 계기도 없었다. 다만 공산주의에 두려워하는 대중들의 지지를 얻어 반공을 내세웠을 뿐이다. 무솔리니와 히틀러는 국가사회주의를 기반으로 소련 중심 계급사회주의(공산주의)에 대항한 것이다. 무솔리니, 히틀러도 대중의 분노, 선전선동(궤벨스 등), 무신론, 반기독교, 진화론, 혁명론 등을 강조하고 활용했다. 그러므로 이탈리아 무솔리니, 독일의 히틀러의 통치는 극우전체주의가 아니라 반공 국가전체주의라 할 것이다. 둘 다 분노에 기반한 세력이며, 파괴를 추구하는 세력이며, 결코 자유민주주의세력이 극단화한 것이 아니라고 할 것이다.

루즈벨트 대통령, '세계 공산화의 길' 물꼬 터주다

레닌이 1917년 10월 볼셰비키혁명에 성공하고 반자본주의 노선을 밝히자 독실한 장로교신자인 미국 대통령 우드로 윌슨(1913 – 1921, 민주당)은 어떻게 하면 레닌정권을 고립시키고 붕괴시킬 것인가를 고민했다. 윌슨 대통령은 1919년 파리강화회의에서 레닌정권을 어떻게 고립화할 건지를 주요 의제로 삼았고, 영국 등 서방연합군과 함께 시베리아에 미군을 출병시켰고 끝까지 레닌 정부의 승인을 거부하였다.[52] 이후 1929년까지 집권한 공화당 정부도 유럽국가들의 소련체제에 대한 계속적인

---

52) 이주천, 『루즈벨트의 친소정책』(도서출판 신서원, 1998), pp31.

승인에도 불구하고 월슨의 불승인정책을 유지했는데, 소련 측이 미국 내의 공산주의자들을 후원하여 미국의 체제전복을 선동하는 것 때문이었다.[53]

그러나 1929년 세계대공황으로 경제위기에 직면한 미국 국민들은 민주당 루즈벨트 후보를 대통령으로 당선시켰다. 1933년 대통령직에 취임한 루즈벨트는 공산주의 사상에 대해 무지한 듯하면서도 소련과 스탈린에 대해 우호적인 태도를 죽을 때까지 버리지 않았으며, 속마음을 드러내지 않는 묘하고 복잡한 인물이었다. 그는 대통령에 취임하면서 천주교, 기독교인들의 반대에도 불구하고 공산주의 소련과 수교를 하고 문호를 열었다. 루즈벨트 정부가 소련과 문호를 열자 소련에 대한 우호적 인식이 미국 전체로 퍼졌다. 조나 골드버그가 쓴 『리버럴 파시즘』에도 썼지만 프랭크린 루즈벨트 대통령의 신임을 받던 "두뇌위원회(Brain Trust) 맴버들을 포함해 미국 리버럴진영의 엘리트들은 마치 성지 순례하듯 모스크바를 방문해 소련이 진행하고 있는 사회적 실험을 경탄 가득 찬 눈빛으로 지켜보곤 했다." 그들은 모스크바가 세계의 변화를 주도하고 있다고 믿었다.[54]

루즈벨트의 친소정책에 대해 보수파는 물론 전 뉴욕지사를 역

---

53) 이주천, 『루즈벨트의 친소정책』(도서출판 신서원, 1998), pp35.
54) 벤 샤피로 저, 노태정 역, 『역사의 오른편 옳은 편』(기파랑, 2020), pp270.

임했던 민주당원 스미스는 1936년 대통령 선거기간 동안에 "루즈벨트가 미국인들을 사회주의로 몰고 있다"고 비난했다. 심지어 소련과 수교정책을 가장 앞장서 추진했고 초대 소련대사를 역임했던 뷸리트 조차도 소련 스탈린정권의 실체를 간파한 후 강경한 반소 노선으로 돌아서 "독일과 동맹하여 소련의 공산주의를 견제해야 한다"고 주장할 정도였다. 그는 루즈벨트 대통령에게 소련의 위험성을 지속 건의했지만, 루즈벨트는 친소정책을 죽을 때까지 유지했다.[55]

루즈벨트 정부가 주도한 친소정책으로 인해 미국 내 공산주의 사상과 세력이 급속하게 확산되었다. 1930년대 초 약 7,500여 명에 불과하던 미국 공산당원의 수는 1930년대 말에는 약 5만 5,000명으로 급증했고, 1930년대 초반부터 1952년까지 민주당이 장기집권하는 동안, 특히 루즈벨트 대통령 재임기간 동안 많은 수의 공산당원을 비롯한 좌익분자들이 미국의 연방정부 및 주정부와 공공기관에 임명되었다.[56]

루즈벨트가 친소정책을 펴는 동안 미 국무부 등 정부 내 친소 공직자들이 대거 요직을 차지했다. 대표적인 인물이 소련간첩

---

55) 이주천, 『루즈벨트의 친소정책』(도서출판 신서원, 1998), pp49, pp55.
56) 양동안, 『한국에서 혼란스럽게 사용되는 정치·사상 용어 바로알기』(도서출판 대추나무, 2020), pp229.

엘저 히스이다. 그는 국무부 요직을 차지해 얄타회담의 전략정
보를 소련에 유출했다. 이는 미국 국가안보국이 소련의 암호교
신을 감청했던 "베노나문서"를 공개하면서, 그가 소련간첩 임
이 확인되었다.

나아가 루즈벨트 대통령은 소련 스탈린을 신뢰하고 유럽전선
에서 독일과 싸우는 소련을 지원했고, 태평양전선에서 소련군
을 끌어들였다. 제2차 세계대전은 미국, 영국, 소련 연합군의
승리로 끝났고, 소련은 승전국의 위치를 차지했다. 이로써 전
후 소련 중심의 세계 공산화의 대문이 활짝 열리고 말았다. 소
련군은 미국 루즈벨트 대통령의 양해 아래 전승국이라는 고지
를 이용하여 동유럽과 북한지역으로 진군해 들어가 공산화에
성공했다. 제2차 대전의 최대의 수혜자는 바로 스탈린이었다.
엄청난 영역을 소련 영토로 차지하거나 위성국가로 만드는 전
리품을 획득했기 때문이다. 그 영향으로 동아시아의 광대한 중
국까지 공산화되는 결과를 낳았다.

미국과 소련의 승리는 또 다른 후유증을 남겼는데, 세계인 머
릿속에 '반공주의는 곧 극우이고 파시즘' 이라는 코민테른의
선전선동 프레임을 깊이 각인시킨 것이다. 반공주의가 나쁜 게
아니라 독일의 히틀러와 이탈리아 무솔리니의 국가전체주의가
나쁜 것인데, 마치 "반공주의 = 극우, 파시즘"이라는 잘못된 프

레임이 세뇌된 것이다. 그러다 1950년 6·25전쟁을 통해 공산주의의 실체를 겪고서야 비로소 공산주의가 나쁘고 반공주의는 정당하다는 것을 깨닫게 되었다.

2차 세계대전 말기 스탈린이 유럽 일부 지역을 지배할 수 있다는 경고에 대한 루즈벨트의 발언
"나는 스탈린이 그런 사람이 아니라고 생각하였다. … 나는 만약 내가 그에게 모든 것을 준다면, 나는 아마 그에게 아무것도 돌려달라고 청할 수 없을 것이다. 노블레스 오블리주에 따라, 그는 아무것도 빼앗지 않고 나와 함께 세계의 자유민주주의와 평화를 위해 일할 것이다."

소련의 스탈린은 교활하고 영리한 인물로, 미국의 루즈벨트, 영국의 처칠 등을 적절히 활용하여 제2차 대전 연합군으로 참전 기회를 통해 반공 의식을 무력화시키고 나아가 소련군 진군을 통해 소련 영토로 강제 편입하거나 소련 위성국가화하는 기회로 활용했다. 즉, 소련은 전쟁 와중에 소련군을 이용하여 폴란드로부터 서부 베로러시아와 서부 우크라이나를 빼앗았고 루마니아로부터 베사라비아와 북부코비나 등을 빼앗았으며, 독립국인 에스토니아, 라트비아, 리투아니아 및 핀란드 일부

지역까지도 소련 영토로 합병했다. 소련은 연합군이 대독 전쟁에서 승리한 기회를 활용하여 폴란드, 동독, 체코슬로바키아, 헝가리, 유고슬라비아, 루마니아, 불가리아, 알바니아 등 8개국에 진군하여 공산주의 체제를 수립했다. 게다가 소련은 동아시아로 눈을 돌려, 미국이 일본 히로시마(8.6)에 원자폭탄을 투하하자 곧 일본항복을 예감하고 전광석화처럼 대일 신전포고(8.8)를 하고 바로 만주와 한반도에 진군(8.9)하여 북한지역을 점령했다. 이로써 북한지역마저 공산화한 것이다.

닉슨 대통령의 공산권 포용정책과 동아시아의 도미노 공산화

루즈벨트 대통령 다음으로 동아시아에서 공산주의세력 확장에 영향을 미친 이는 닉슨 대통령이었던 것으로 평가된다.

닉슨 대통령은 공화당 소속으로 반공, 반중 노선의 인물이었다. 그러나 닉슨이 대통령선거에 출마한 1968년은 미국은 물론 유럽, 일본 등 서구 대학가에서 베트남전 반대운동 즉 반전·반미운동(68혁명)이 격렬하게 일어나고 있었다. 이러한 상황에서 닉슨은 데탕트(긴장완화)정책을 내세우고 대선에 임하여 겨우 승리하였다. 닉슨 대통령은 1969년 1월 취임 후 중국에 먼저 접촉을 시도하는 등 중국공산권에 우호적 정책을 추진했고, 그 결과로 닉슨독트린을 발표(1969.7)한 것이다. 닉슨 정부는 닉슨독트린 노선에 따라 8월부터 남베트남 주둔 미군을 철수하기 시작해 1968년 54만 8천명에 이르던 미군이 1972년말까지 2만 9천명으로 줄였다.[57] 그 역할을 베트남군이 대신하도록 했다. 닉슨 정부는 드디어 1973년 북베트남과 평화협정을 맺고(1973.1) 미군을 베트남전에서 전면 철수했다(1973.3). 결과, 미군이 철수한 지 불과 2년만인 1975년 3월 북베트남군의 남침으로 남베트남이 공산화되었다(1973.4). 남베트남 공산화 직전 옆 나라 캄보디아에서도 마오쩌둥(모택동)의 문화혁명을 추종한 폴포트가 공산정권을 수립했고, 수년에 걸쳐 국민 800만명 중 200-300만 명을 학살했다. 1975년 8월 인근 라오스에서도 공산정권이 들어섰다.

05 공산주의, 왜 위험한가?

베트남 공산화에서 얻는 교훈

미국이 아프가니스탄의 탈레반과 평화협정을 맺고 미군 철수를 채 끝내기도 전인 2021년 8월, 아프가니스탄 전역이 탈레반에 의해 장악당했다. 카불공항에서는 탈출을 하려고 사람들이 몰려들어 출발하는 비행기를 따라 공항활주로를 뛰어갔고, 몇

---

57) 국방부 군사편찬연구소, 『통계로 본 베트남전쟁과 한국군』(국방부 군사편찬연구소, 2007), pp6-8.

몇 사람은 출발하는 비행기 동체에 매달렸다가 하늘에서 떨어져 죽는 모습도 영상으로 찍혀 세계인들을 경악하게 했다. 이와 같은 카불공항의 모습이 1975년 4월말 남베트남이 북베트남군에 의해 점령, 공산화될 때 베트남을 탈출하려는 비행기 탑승 행렬이 떠오른다.

1975년 남베트남은 북베트남의 공격을 받고 전투다운 전투도 해보지 못하고 58일 만에 사이공시(현 하노이시) 대통령궁이 점령당하면서 멸망하고 말았다. 사실 베트남과 우리와는 유사한 점이 너무 많다. 베트남은 우리와 같이 외국(프랑스)의 식민지 경험을 하였고, 그 연장선상에서 남북으로 분단되었다. 그리고 남베트남은 자유민주주의, 자본주의체제였고, 북베트남은 공산주의체제였다. 남베트남과 북베트남은 오랫동안 동족상잔의 전쟁도 치렀다. 북베트남은 대남공작을 강화하여 남베트남 내에 많은 간첩들을 심었다. 남베트남 내에는 종북세력들도 많았다. 이들은 북베트남과의 '평화', '통일'을 외치며 '미군철수', '평화협정체결'을 외치며 반미, 반정부 투쟁을 일삼았다. 일반 국민들도 서서히 종북세력들의 주장에 동조해 '미군철수'를 외쳤다. 결국, 미군은 1973년 북베트남과 평화협정 체결 후 철수했다. 북베트남은 미국과의 평화협정을 깨고 2년 만에 전격적으로 남침을 하여 공산화하고 말았다(1975.4).

공산화된 후, 남베트남에서는 정치인·공무원·군인·종교인·부유층·지식인(학자·교사·언론인·변호사·의사 등) 등 수백만 명을 적대계층으로 분류하여 재교육수용소에 수감하여 자본주의형 인간을 사회주의형 인간으로 바꾸기 위해 수년간 사상개조를 위한 세뇌교육을 실시했다. 말라리아 등 전염병, 뱀·전갈의 독, 영양실조, 가혹한 체형 등이 만연하고 의료혜택이 전무한 수용소에서 장기간 구속되어 있으면서 많은 이들이 생명을 잃었다. 이렇게 하여 생명을 잃은 사람들과 즉결처분으로 살해된 사람들을 포함하여 남베트남이 공산화된 후 희생된 사망자는 최소 30만에서 200만명으로 추정되고 있다.

공산화된 후 북베트남 정권은 남베트남을 자본주의체제에서 공산주의체제로 바꾸는 과정에서 남베트남 마을 주민들을 활용했다. 이들은 남베트남 마을을 점령한 후 '반동분자들을 보복, 숙청해야 한다' 며 동네 주민들이 앞장서 동네의 반체제분자들을 색출, 체포하도록 한 것이다.[58]

남베트남 사람들은 공산 치하의 실상을 경험하고는 해외로 작은 배를 타고 탈출을 시도하였다. 110여만 명의 보트피플 중 10여만 명이 배의 침몰이나 난파 등으로 바다에서 죽음을 맞았

---

[58] 배정호 편저, 『사이공 패망과 내부의 적』(비봉출판사, 2018), pp134-135.

다. 이 중에는 남베트남민족해방전선(NLF)[59] 및 베트콩(남베트남해방전선 소속 군대 : 남베트남 인민해방군) 간부들도 상당수가 포함되어 있었다. 그토록 공산 통일을 염원했고 이를 위해 노력했지만 막상 공산정권이 들어서자, '한 번 배신한 인간들은 공산정권에도 배신할 수 있다'는 이유 등으로 처형의 위협을 당했기 때문이다.

미군철수(1973) 직후 남베트남의 국력은 북베트남과는 비교가되지 않을 정도로 좋았다. 군사력은 미군의 최신무기 양도로 공군력이 세계 4위, 해군력 세계 5위였으며, 경제력과 인구에서도 북베트남에 비해 절대적 우위에 있었다.

남베트남은 이러한 월등한 군사력을 보유했음에도 그렇게 무력하게 붕괴된 이유는 무엇일까? 크게 보면 남베트남 정부가 부패한 독재정권이었다는 점과 남베트남 내에서 활동한 간첩들과 종북 좌익세력(인민혁명당원)의 역할이었다.

첫째, 남베트남 정권은 군사쿠데타가 빈발하고 부패한 독재정권이었다는 점이다. 부패와 독재는 좌익세력이 대중들을 선동하기 좋은 제1 조건인 것이다. 북베트남 간첩들과 남베트남 좌익세력이 대학생, 종교단체 등 반정부운동에 침투하여 폭발시

---

59) 남베트남 수도 사이공시〈현 하노이시〉 서북방 캄보디아 국경 인근 정글지역 해방구에
근거지를 둔 통일전선단체, 1960년 결성

키고 반체제운동의 동력으로 만들어간 것이다.

둘째, 남베트남 내에서 활동한 간첩들과 종북 좌익세력(인민혁명당원)의 역할이 매우 컸다는 점이다. 즉 북베트남에서 침투한 간첩과 그들에 의해 포섭된 남베트남 종북 좌익세력은 대통령 측근을 비롯하여 남베트남의 정계·관계(정부기관·군·경찰 등)·종교·학계·언론·예술계 등 사회 곳곳에 침투하여 거미줄 같은 종북정보망을 구축했다. 대통령 비서실장, 일부 성장(省長, 도지사) 등 유력 정치인이나 관료들도 북베트남의 간첩으로 활동하여 남베트남 정부의 극비회의 내용도 단 하루 만에 국경선 부근 지하땅굴의 베트콩(「민족해방전선」, 북베트남 군사조직) 청사에 상세히 보고될 정도였다. 이들 종북 좌익세력은 수십 개의 언론사를 만들어 티우 정권을 원색적으로 비난하고 남베트남의 정통성을 부정하고 북베트남의 정통성을 주장하는 등 남베트남 국민들을 좌경화시켰다.

원래 남베트남 국민들의 안보의식은 나쁘지 않았는데, 결정적으로 좌경화시킨 계기는 남북전쟁이 한창 중일 때 실시된 1967년 대선이었다. 당시 야당 후보로 출마한 I.딘쥬 변호사는 '외세 배척', '우리 민족끼리'를 내세우며 '동족살상' 및 '월맹에 대한 폭격 중지', '미군 철수', '조속한 평화회담 개최' 등을 주장했다. 이 같은 발언은 미국과 월남 국민들의 반전 여론을 자극했다. 선거 결과, I.딘쥬 후보는 17%의 지지율을 얻었다. 당시 월남공사로 있으면서 I.딘쥬 변호사를 직접 만나봤던 이대용 공사의 이야기를 들어보자. 그는 교민들을 탈출시키다가 정작 자신은 탈출에 실패하여 재교육수용소에 갇혀 있다가 5년 후에 겨우 한국에 돌아올 수 있었다. 그는 베트남 공산화과정과 그 이유를 가장 잘 아는 인사이다.

"(I.딘쥬 대통령 후보는 대선 연설에서) '우리끼리 싸움을 해서, 더구나 외국군까지 불러와서 피바다가 되었으니 (선열들이) 얼마나 슬퍼하시겠는가? 안 된다. 내가 대통령이 되면 평화협정을 맺어서 평화적으로 남북통일을 해나가겠다. 우리는 한민족이다.' 이렇게 주장을 하는데, (중딘쥬가) 공산당원이야. (월남 국민들은 이것을) 몰랐죠.

공산당 측에서 평화협상을 제의하지 않았습니까? 결국은 미국을 내쫓기 위해서 한거거든요. 미국만 내쫓으면 공산화시킬 수 있다. 평화협상을 하기 전에도, 할 때도, 한 다음에도 무력남침 공산화전략은 변하지 않았거든요. 겉으로는 변한 거죠. 그래서 (월남은) 속았죠. 그래서 월남은 망한 거죠."

남베트남 내 종북 좌익세력(인민혁명당원)은 정부에 대한 원색적인 비난을 하고 우익인사들을 무식한 전쟁광으로 몰아갔다. 많은 남베트남 지식인과 중산층은 소수의 종북 좌익세력들의 공격에 침묵을 선택함으로써 조직화된 소수의 종북 좌익세력들에 의해 속수무책 당할 수밖에 없었다.

박정희 대통령은 남베트남이 멸망하던 1975년 4월 30일, 일기를 썼다.

"월남공화국이 공산군에게 항복한 날"

1974년 4월 30일

"월남공화국이 공산군에게 무조건 항복함으로 비통함을 금할 수 없다. ... 참으로 비통하기 짝이 없다.

자기 나라를 자기들의 힘으로 지키겠다는 결의와 힘이 없는 나라는 생존하지 못한다는 엄연하고도 냉혹한 현실과 진리를 우리는 보았다. ... 이 강산은 길이길이 후손들에게 물려주어서 지켜가도록 해야 할 소중한 땅이다. 영원히 영원히 이 세상이 끝나는 그 날까지 지켜가야 한다. 저 무지막지한 붉은 오랑캐들에게 더럽혀서는 결코 안 된다. 지키지 못하는 날에는 다 죽어야 한다. 죽음을 각오한다면 결코 못 지킬 리 없으리라."[60]

---

60) 박정희, 「남편 두고 혼자 먼저 가는 버릇 어디서 배웠노」(기파랑, 2017), pp111.

그러나 문재인 대통령은 자신의 자서전 '운명'에서 1975년 남베트남 공산화에 대해 "희열을 느꼈다"고 언급한 바 있다.

> "리영희 선생은 ... 누구도 미국의 승리를 의심하지 않을 시기에 미국의 패배와 월남의 패망을 예고했다. ... 그 예고가 그대로 실현된 것을 현실 속에서 확인하면서 결산하는 것이었다. 적어도 글 속에서나마 진실의 승리를 확인하면서, 읽은 나 자신도 희열을 느꼈던 기억이 생생하다."[61]

박정희 대통령과 문재인 대통령의 발언의 차이는 바로 사상의 차이에서 나온 것이다. 박정희 대통령은 공산·사회주의를 반드시 막아야 한다는 반공정신에 투철했기 때문에 베트남의 공산화를 비통하게 생각했다. 그는 공산·사회주의를 막기 위해 경제발전을 해야 한다며 경부고속도로, 포항제철, 중화학공업 발전을 추진해 오늘날 세계 10대 경제대국의 초석을 만들었다. 문재인 대통령은 사회주의체제를 선호하는 사상을 가진 것으로 보이는데, 신영복과 리영희를 존경하고 자유 남베트남이 공산 북베트남에 의해 멸망 당한 것에 대해 "진실의 승리"라면서

---

61) 문재인, 『운명』(가교출판, 2017), pp132.

"희열을 느꼈다"고 표현한 것이나 자서전 "운명"에 노무현 정부 때 국가보안법을 폐지하지 못한 것을 가장 "뼈 아팠다"고 표현한 것, 그리고 제주 4·3사건 추념식에서 '먼저 꿈을 꾸었다는 이유로 죽음과 마주하게 되었다'는 표현 등을 통해서 판단할 수 있다.

캄보디아 공산화(크메르루즈정권)의 교훈

'폴 포트'가 이끄는 크메르루즈(캄보디아 공산당)는 1975년 정권을 장악한 후 마오쩌둥(모택동) 사상('문화혁명')에 입각해 공산주의 이상사회를 건설하려 했다. 크메르루즈정권의 이러한 문화혁명에는 중국공산당이 적극 지원했다. 크메르루즈 정권은 한 번도 경험하지 못한 공산·사회주의 이상사회 건설에 노력했는데, 계급 간 차별이 없고 도농(도시와 농촌) 간 차별이 없고, 화폐가 없고 상품교역이 없는 '인간 세상의 천당'을 건설하려 했다.[62] 이러한 사회를 만들려면 단순히 정치혁명, 경제혁명만으로는 안되고, 문화혁명을 통해 전통문화, 가정, 개인의식까지 공산주의 문화로 완전히 개조해야 한다고 보았다.

캄보디아 공산정권은 중국식 문화혁명의 방식에 따라 책이란

---

62) 9평 편집부, 『공산당에 대한 9가지 평론』(에포크미디어코리아, 2021), pp115.

책은 다 불을 지르고 공무원·교수·교사·의사·엔지니어 등 지식인들을 모두 학살하였다. 안경을 썼다고, 영어가 써진 옷을 입었다고, 손에 굳은살이 없다고, 피아노를 배웠다고, 얼굴이 희다고, 키가 크다고, 통통하다고, 학생이 있는 가족이라는 등 별별 희한한 사유를 들어 학살했다. 그 결과, 1975년-1978년 사이 800만 명 전인구 중 200-300만 명을 학살히였다.

폴 포트는 1979년 1월 베트남이 진격하자, 폴 포트는 태국으로 도망쳐 그의 공포정치는 막을 내렸다. 폴 포트는 1997년 체포되어 재판에 회부, 반역죄를 선고받고 복역하다가 이듬해 사망했다. 그는 한 인터뷰에서 "그렇게 많은 사람들을 죽음으로 몰고 간 데 대해 후회하고 있느냐?"는 질문에 침묵했고, 단지 "정책에 실수가 있었다"고 만 말했다고 한다.

이러한 폴 포트의 학살현장을 소재로 한 영화 "킬링필드"는 세계적인 센세이션을 일으켰다. 캄보디아의 킬링필드 현장은 공산주의가 얼마나 무서운 이데올로기인지를 똑똑히 가르쳐 주고 있다.

6·25전쟁과 남한 좌익의 활동

6·25전쟁은 세계전쟁사 중에서도 민간인 피해가 가장 많았던 "참혹한 전쟁"이었다. 군인들만이 아니라 민간인들도 합세하

여 서로 죽이고 죽는 전쟁이었다. 전쟁터가 아닌 후방 마을 곳곳에서도 참혹한 시신들이 너무 많이 발견되었다. 마을에서 일어난 이 전쟁의 실상을 알아야만 6·25전쟁의 본질을 제대로 이해할 수 있다.

우리 국민들은 6·25전쟁에 대해 학교에서 배우기는 했지만 주로 군사적 충돌 측면에서만 배웠다. '북한군의 남침, 미군 참전, 낙동강전투, 인천상륙작전, 중공군 개입, 장진호전투, 백마고지 전투, 휴전 등'이다. 군사전투만 볼 경우, 6·25전쟁의 본질적 측면인 자유민주주의체제냐 공산·사회주의체제냐를 놓고 벌인 체제전쟁, 사상전이라는 본질을 놓치기 쉽다. 6·25전쟁은 공산주의체제인 북한이 소련과 중공(중국공산당)의 지원 아래 자유민주주의체제인 대한민국을 적화(공산화)하기 위해 일으킨 체제전쟁으로서, 공산주의체제를 원하는 국민과 공산주의를 반대하는 국민도 전쟁에 합세한 사상전이었다.

북한군은 전쟁 후 3일 만에 서울을 점령했고, 7월 말에는 경상남·북도 일원을 제외하고는 전 국토를 장악했다. 북한군은 점령 후 지역(읍면동) 별로 인민위원회(행정 조직), 내무서(우리의 경찰서)와 치안대(마을 치안조직) 등 통치조직을 만들고 동네의 좌익분자들을 동참시켰다. 북한군은 남한 좌익분자들을 앞세워 경찰, 군인 가족, 지주, 자본가 등을 반동분자로 지목하여 살생부 명단을 만들고, 가가호호 수색하여 이들을 체포한 후 인민재판, 무단 처형 등을 통해 학살했다. 당시를 겪었던 사람들은 "그때 가 되니 이웃이 더 무섭더라."라고 증언하곤 한다. 이는 북한군 보다 그 지역 사정을 잘 아는 동네 좌익분자들이 더 큰 역할을 했음을 의미한다.

유엔군과 국군은 9.15 인천상륙작전에 성공하고 13일만인 9.28 서울을 되찾았다. 이를 9.28서울수복이라고 한다. 낙동강 전선과 남한 전 지역에서 활동하던 북한군은 전의를 상실하고 급속히 북으로 후퇴하기 시작했다. 이때 북한군은 남한 각지에 잡아두었던 이른바 반동분자들을 학살하고 후퇴의 길로 올랐 다. 대전형무소의 6,000여 명, 전주형무소의 1,000여 명, 그리 고 각 지역 내무서(우리의 경찰서) 유치장들에 가두어 두었던 수 많은 인사들을 학살하고 올라간 것이다. 이러한 집단학살은 9.20 전선사령관 김책의 지시에 따른 것으로,[63] 26일에서 30 일 새벽까지 집중적으로 이루어졌다. 학살당한 이들을 동네에 서 체포한 것은 주로 자기 동네 좌익분자들이었다.

전세가 역전되자, 마을에서 북한군 앞잡이 노릇을 한 좌익 부 역자들은 후퇴하는 북한군을 따라 월북하기도 했다. 대략 10만

---

63) 국방부 군사편찬연구소, 『6 · 25전쟁사⑥ 인천상륙작전과 반격작전』(국방부 군사편찬 연구소, 2009), pp22.

명 정도가 된다고 한다. 후퇴하지 못한 부역자들은 사태 추이를 지켜보면서 불안한 마음으로 마을 인근에서 빨치산 활동을 전개했다. 이들은 9·28서울수복 이후 전세가 역전된 것이 분명해지고 읍내마다 우익들이 모여 유엔군환영대회를 개최하자, 불안해지기 시작했다. 이들은 그동안 북한군의 앞잡이로서 자행한 악행들이 있기 때문이다. 장차 국군과 유엔군이 오고 경찰이 오면 자신들이 북한군에 협조해 자행한 악행에 대해 보복을 당할 것을 우려했다. 이들은 보복을 막으려면 씨를 말려야 한다면서 자신들을 고발할 위험이 있는 인사들을 체포하여 개울가, 우물가, 반공호 등에서 집단처형을 했다. 북한군이 후퇴한 후 9월 29일 이후 10월에 집중적으로 일어났다.

당시 학살에 가담했던 빨치산 소년단 출신 김서용(가명)에 따르면, "빨치산들은 보복을 막으려면 씨를 말려야 한다면서 일가 친척들까지 모조리 잡아다가 죽였어요. …. 갓난애들은 자루에 담아서 그냥 던져 버렸구요. 빨치산들에 의해 처형 명령이 내려진 사람들을 처형하기 위해 개울가로 데려가다 보면 이미 80%쯤은 죽은 사람이 되어 있었던 걸로 기억이 나요. 공포에 정신이 혼미해진 거죠."라고 했다.64)

---

64) 월간조선사, 「6·25피살자 59964명」(공보처 통계국, 2003), pp26.

가장 많이 집단학살극이 일어난 곳은 전라남도였고, 그중에서도 영광군, 신안군 등에서 많이 일어났다. 영광군에서만 2만여 명 이상이 학살당했다. 영광군 백수면에 있는 장맹룡씨는 10월 중 6촌 이내에 3백여 명이 학살당했다고 한다. 영광군 염산면은 가장 피해가 심했는데, 면민이 반 이상이 죽었다는 주장도 있는데, 염산교회는 이방호 목사 가족(8명)을 포함 교인 77명이, 야월교회는 65명 교인 전원이 학살당했다. 그 지역 출신 좌익분자들로 구성된 빨치산에 의한 학살이었다.65)

북한군이 점령한 3개월 등 6 · 25전쟁 기간 동안 북한군과 남한 좌익분자들에 의해 학살당한 민간인 피해 규모는 6만여 명, 12만여 명, 16만여 명(정일권 장군 수기 "6 · 25비록": 16만 5천여 명) 등 여러 주장들이 있으나, 정부의 공식통계는 1952년 10월 발간한 "대한민국통계연감"의 12만 8,936명이다.66)

2002년 국립도서관(국립기록보존소)에서 발견된 『6 · 25사변 피살자 명부』(공보처 통계국, 1952년 3.31 작성)에는 피살자의 이름과 성별, 나이, 직업, 피해 연월일, 피해 장소, 본적, 주소 등이 자세히 나와 있는데, 이 자료에 나온 피살자만 해도 5만 9,964명

---

65) 임준석, 『천국소망 순교신앙』(쿰란출판사, 2016), pp40-48.
66) 국방부 군사편찬연구소, 『6 · 25전쟁 전후 북한군 등 적대세력에 의한 민간인 희생사건 조사연구 보고서』(국방부 군사편찬연구소, 2013), pp5-23.

이다. 이중 호남이 83%에 달했는데, 전남이 4만 3,511명으로 72.6%였다. 이 중 영광군이 2만 1,225명이었다. 피살자 중 12%인 2,500여 명이 10세 이하 어린이였는데, 가족집단학살의 증거이다.[67]

국군과 유엔군은 38선 이북으로 진격하기로 하고 국군은 10월 1일부터, 유엔군은 10월 9일부터 북진을 시작했다. 국군과 유엔군은 북한지역에 도착했을 때, 곳곳마다 학살된 집단시신들을 발견하고 깜짝 놀랐다. 시신들이 집단으로 발견된 장소는 교화소(감옥), 정치보위부, 내무서, 동굴, 터널, 방공호, 공동묘지, 우물, 개울, 저수지, 바다 등 다양했다. 시신들이 발견된 지역은 황해도, 평안남·북도, 함경남·북도, 강원도 등 북한 전역이었다. 함북 함흥에서만 2만여 구 이상이 발견되었다. 함흥감옥에서만 700여 구가 발견되고 함흥 북쪽 덕산 니켈 광산 6,000여 구, 함흥 뒷산 반룡산 반공굴 8,000여 구가 발견되었다.[68]

북한군은 국군이 동해안에서 북진을 개시한 10월 1일에 퇴각하며 학살을 시작했다. 유엔군이 북진을 개시한 10월 9일 이후에는 대대적인 집단학살극을 벌였는데, 이들이 학살한 대상은 '반

---

67) 월간조선사, 「6·25피살자 59964명」(공보처 통계국, 2003)

68) 박계주, 「자유공화국 최후의 날」(정음사, 1955), pp78. ; 박남식, 「실락원의 비극」(문음사, 2004), pp169-172. (한화룡, 「1950년 황해도 신천학살사건의 진실, 전쟁의 그늘」(포앤북스, 2015)에서 재인용).

동분자'로 의심되는 사람들이었다. 반체제세력으로 지목된 사람들 중에는 목사 등 기독교인들이 많았다. 한화룡씨가 쓴 『1950년, 황해도 신천학살사건의 진실, 전쟁의 그늘』에 따르면, 황해도 도당은 1950년 10.11 북으로 철수하라는 명령과 함께 정치보위부와 내무서에 "국방군(대한민국 국군 지칭)과 국제연합군(유엔군 지칭)에게 협력하는 자들을 말소"한다는 명분으로 "반농들을 색출 검거하여 무자비한 숙청을 감행"하라는 명령을 하달했다. 이에 따라, 황해도 신천내무서(경찰서)에서는 10.13 신천읍과 각 면에서 교수장, 총살장 등을 설치하고 지역 공산당원들이 긴 칼과 죽창을 들고 집집마다 다니면서 부엌, 헛간, 뒤주 등을 샅샅이 뒤지며 예비검속하여 학살을 한 것이다.[69]

공산주의국가들, 70여 년간 학살한 민간인 수는 최소 1억명 이상
러시아에서 1917년 10월혁명이 일어난 때로부터 소련이 무너진 1991년까지 약 70여 년 동안 지구상에 있었던 수많은 공산국가들에서 민간인 학살이라는 피 흘리는 현상이 일어나지 않은 나라는 단 하나도 없었다.

프랑스 국립학술연구센터 연구부장 쿠르뚜아 등 11명의 학자

---

69) 한화룡, 『1950년, 황해도 신천학살사건의 진실, 전쟁의 그늘』(포앤북스, 2015), pp88-92.

들이 1997년 『공산주의 흑서』라는 책을 발간했는데, 전 세계 공산주의 국가들이 자행한 학살 규모를 1억 명으로 산정했다. 구소련 2,000만 명, 마오쩌둥(모택동) 6,500만 명, 베트남 100만 명, 북한 200만 명(아사자 제외), 캄보디아의 폴 포트정권 200만 명, 아프리카 1,500만 명 등이라는 것이다. 이 책은 베스트셀러가 되어 2년 만에 20만 부나 판매되었으며, 16개국으로 번역 출간되었다.

실제로 공산주의국가들에서 학살당한 숫자가 이 책에서 말한 1억 명보다 많을 것이라는 주장도 상당하다. 예를 들어 구소련 내무인민위원회 위원 에조프는 공산당서기장 스탈린에게 사형자 명단(283권)을 바쳤는데, 4,500만 명이 넘는다고 한다. 그러니까 스탈린이 학살한 인원만도 4,500만 명이 넘는다는 이야기다.

공산주의는 사람을 대규모로 학살했다는 사실도 중요하지만 학살하는 방법도 매우 잔인했다는 점을 빼놓을 수 없다. 특히 기독교에 대한 박해가 유달리 심했다. 러시아와 소련은 공산화 과정에서 기독교에 대한 박해를 가장 많이 했다. 모든 교회의 종탑과 십자가를 꺾어버리는 등 교회를 파괴했고, 기독교인 2,700만 명을 학살했다는 주장도 있다. 러시아, 소련은 기독교인들을 온갖 잔인한 방법으로 학살했는데, 얼어붙은 모스크바의 강 얼음구멍 안으로 벌거벗긴 채로 처넣어 죽이기도 하고,

시베리아로 끌고 가 집단으로 학살하기도 했다.

왜, 공산주의세력은 잔인한가?

도대체 왜 공산주의세력은 양심의 가책도 없이 사람들을 쉽게 학살하는가?

공산주의세력의 집단학살극은 마르크스이론 때문이다. 마르크스이론의 계급투쟁론에 따르면, 자본주의사회는 부르주아계급이 프롤레타리아계급을 착취하는 사회이기 때문에, 프롤레타리아혁명을 통해 부르주아계급을 없애야 평등사회가 실현된다는 것이다. 그래서 부자들에 대해 증오감을 가지고 죄책감 없이 죽이는 것이다. 노동자들에게 "부자들이 당신들을 착취하고 있다. 분노하라"며 죽이는 것을 부추기는 것이다.

세계적인 구소련 작가 솔제니친은 하버드대학 연설에서 "공산주의는 치료할 수 없는 미치광이 병(mad disease)"라고 규정했다. 이 정도로 공산주의는 실로 인류문명과 인간 자체를 파괴하는 반문명, 인간파괴 사상이라고 할 수 있다.

6·25전쟁 때 인천상륙작전(9.15) 이후 전세가 역전되었고, 10월 들어 국군과 유엔군이 북한지역으로 진군했다. 북한 전 지역에서 집단시신들이 발견되었다. 북한군은 북한지역 내 후방으로 후퇴를 하면서 장차 유엔군과 국군이 진입했을 때, 협조

할 가능성이 있는 사람들을 체포, 동네별로 처형장을 만들어 놓고 집단학살했다. 이때 처형할 반동분자들을 선택할 때 도운 사람이 바로 그 동네 좌익분자들이었다. 이것은 당시를 경험했던 사람들이 증언하는 바이다.

함흥에 도달한 국군과 유엔군은 함흥교화소(교도소)나 인근 동굴 속에서 2만 명 이상의 집단시신을 발견했다. 당시 시신발굴단에 참여했던 김인호 씨는 그 끔찍한 시신들을 접하면서 "'이 모든 일이 꿈속에서 일어난 일이 아닌가?' 혼동되었고, 자기 뺨을 꼬집어 보고서야 비로소 현실인 줄 알 정도로 정신이 혼동되었다"며 자서전에 다음과 같이 기록하고 있다.

> "왜 공산당 빨갱이들은 이런 끔찍한 학살을 한 것일까?
> 무슨 이유로 천인공노할 잔인한 짓들을 한 것인가?
> 이게 모두 전쟁 탓이란 말인가?
> 아니다. 분명 전쟁 탓만은 아니다. ……
> 신이시여. 당신이 정녕 계시다면 이렇게 참혹한 살육을 보고만 계셨나요? 억울하게 죽어간 생명들의 원한은 누가 갚아줘야 하나요?"70)

70) 김인호, 『한미 첩보전 산실, 룽라도여관』(경지출판사, 2016), pp185-195.

그렇다. 공산주의자들 즉 좌익세력들은 사람을 끔찍하게 학살하는 이유가 있다. 그게 무엇인가? 공산주의는 바로 부자들을 증오하고 죽이려는 분노의 속성 때문이다.

김남주 시인은 1979년 남민전사건에 연루되어 10여 년간 구속되었던 사람이다. 그는 교도소에 있으면서 애인에게 쓴 편지들을 모아두었다가『김남주 옥중연서』라는 책으로 출판했다. 거기에 이런 구절이 있다.

"나는 부자들(현대의 부자들은 자본가들 외 아무것도 아님)을 증오하고 저주하고 골려주고 늪혀 시궁창에 쑤셔 박아 넣기 위해 존재하오. 내가 이 땅에 존재할 다른 이유는 없소. 자본가들은 "머리 끝에서 발가락 끝까지 모든 땀구멍으로부터 피와 눈물, 오물을 흘리면서" 태어났습니다. ...

놈들은 타협이나 화해의 대상이 아니라 오직 타도의 대상일 뿐입니다. 놈들은 가난에 있어서 우리 민중의 불구대천의 원수입니다. ...

이 장애물이 거대한 뱀이라면 우리 모두 식칼을 가지고 나와서 천 토막 만 토막으로 동강내버려야 합니다. 이 장애물이 거대한 짐승이라면 우리 모두 낫을 들고 나와 천 갈래 만 갈래로 갈

기갈기 찢어놔야 합니다. 이 장애물이 어디서 굴러온 바위라면 우리 모두 망치며 곡괭이를 들고 나와 천 조각 만 조각으로 조삼조삼 쪼아놔야 합니다. 이 장애물이 거대한 벌레라면 우리 모두 나와 발로 천 번 만 번 지근지근 밟아버려야 합니다.

나는 확신합니다. 언젠가는 이놈들이 머리끝에서 발가락 끝까지 구멍이란 구멍에서는 피를 토하고 뻗으리라는 것을.”

김정익 씨는 좌익사범으로 7년간 복역한 후 전향하고 1989년 『어느 좌익사상범의 고백, 수인(囚人)번호 3179』라는 책을 썼다. 그 책에 보면, 김남주에 대한 이야기가 나온다. 그는 교도소에 있을 때 김남주로부터 공산주의 이론을 배우면서 이런 이야기를 들었다고 적었다.

“남조선에서 민중혁명이 일어나면 최우선적으로 해야 될 일은 이 사회의 민족반동세력을 철저히 죽여 없애는 것이다. 그 숫자는 200만 정도는 될 것이다. 그래야만 혁명을 완전하게 완수할 수 있기 때문이다. … 200만이라는 숫자가 엄청날 것 같지만 인류역사적인 관점에서 본다면 그렇게 중요한 것이 아니다.

우리 민족 전체를 놓고 볼 때에 그것은 소수에 불과하다. …

우리에게 적은 수의 반동의 피는 필수 불가결하다."

200만 명 정도는 죽여야 한다는 관념이 얼마나 소름이 돋는가? 김남주의 부자에 대한 증오감과 살기는 어디서 온 것일까? 개인의 성격 때문일까, 아니면 사상 때문일까?

김정은의 아버지 김정일도 남한을 공산화할 때 2,000만 명을 숙청한다고 공언했다. 그는 "나는 남한 점령군사령관으로 가겠다. 1,000만 명은 이민 갈 것이고 2,000만 명은 숙청될 것이며, 남은 2,000만과 북한 2,000만으로 공산주의 국가를 건설하면 될 것이다."라고 말했던 것이다.

공산주의자들은 정권을 잡으면, 먼저 저항세력을 이민, 국경탈출 등 이탈케 하거나 학살 등 숙청하고, 순화가 가능한 사람에게는 사상개조작업을 전개했다. 북한이 공산화할 때도 토지나 기업을 몰수해 지주들과 자본가들을 남한으로 대량 월남(남하, 100만 명 이상)하게 했고, 6 · 25전쟁 등 계기 때마다 대량으로 반동분자, 친일파 등의 명분을 달아 학살했다. 그렇게 하여 체제 안정화를 확립해 간 것이다.

공산주의 사상은 깊이 세뇌되면 원상회복 사실상 불가능[71]

과거 "젊을 때 마르크스주의자가 아닌 사람은 가슴이 없고, 나이 들어서도 마르크스주의자인 사람은 머리가 없다"는 말이 널리 유행했었다. 이 말 속에는 젊은 사람이 공산주의에 빠지는 것은 좋다. 빠졌더라도 어른이 되면 쉽게 빠져나온다는 관념이 들어 있다. 젊은이들이 공산주의에 빠지는 것은 좋은 것, 괜찮은 것인가? 젊어서 공산주의에 빠졌다가도 쉽게 빠져나올 수 있을까?

어릴 때 작은 습관 하나도 바꾸기 어려운데 어릴 때 심어진 공산주의 사상을 바꾸는 것은 더욱 어렵다.

베즈메노프는 과거 소련 KGB에서 대서방 심리전공작을 했던 요원이었다. 1970년대 서방으로 망명하여 소련의 미국 등 서방을 대상으로 자행한 사상심리전 공작 내용을 폭로(1984)했다. KGB는 미국의 어린 학생들을 대상으로 공산주의 세뇌 공작을 수행했는데, 완결 기간은 15-20여 년이라고 했다. 이 세뇌과정이 완결되고 나면 다시는 원래대로 돌아가지 못한다고 한다. 이 말은 사실에 입각한 증언이라고 판단된다. 전향한 사람들의 고백을 들어보면, 공통적으로 세뇌된 것을 어느 정도 바로잡는

---

71) 이희천, 『공산주의, 왜 위험한가』(도서출판 대추나무, 2001), 47-57.

데 약 10년은 걸렸다고 했다. 그래도 '원래 없었던 상태로는 되돌릴 수 없었다'고 고백하고 있다.

왜 원래대로 되돌릴 수 없는가? 세뇌의 무서움 때문이다. 세뇌는 인간이 원래 갖는 도덕성, 이성, 감성, 분석능력, 판단능력 등 일체를 마비시키고 그 빈터 위에 혁명을 위한 공산주의적 인간형으로 재건축하기 때문이다. 이렇게 인간의식을 개조하기 때문에 세뇌가 없었던 상태로 되돌아가기가 힘든 것이다. 세뇌가 완결되고 나면 아무리 진실된 정보를 보여주어도 믿을 수가 없다는 것이다.

어떤 이가 댓글에서 이렇게 썼다. "문통이 설령 우리 부친을 칼로 찔렀다 할지라도 나는 그분에 대한 지지를 철회하지 않겠다. 그것은 비난받아 마땅한 패륜이지만 부모 잃은 슬픔보다 더한 슬픔 속에 살고 싶지 않기 때문이다"라고 썼다. 무엇이 이 사람을 이렇게 만들었을까?

1980년대 좌익운동권 학생들이 작성한 자료에는 부모를 죽일 수도 있다는 글이 나온다. 실제 중국 문화혁명 때나 캄보디아의 킬링필드 때, 우리나라 여수14연대반란사건 때, 6·25전쟁 때도 10대 자녀들이 부모를 죽인 사례들이 나온다. 공산주의 사상에 매몰되면, 인륜이나 도덕은 혁명을 저해하는 장애물로 보인다. 세뇌가 그만큼 무서운 것이다.

이승만은 공산주의 사상의 해독성을 세계에서 가장 철저히 이해하고 있는 인사였다. 이승만은 1945년 12월 중앙방송국(KBS 전신)을 통해 "공산당에 대한 나의 입장"이라는 연설을 했는데, "그 사람들을 회유해서 사실을 알려주어 돌아서면 함께 갈 것이다. 그러나 설득이 안 통하는 사람들은 친부형(親父兄 : 친아버지와 친형)이라도, 조카라도 원수로 대우해야 한다"라고 단호하게 말했다. 그만큼 전향하지 않는 공산주의 사상이 얼마나 무서운 것인지를 말해주는 것이다.

좌익사상에서 벗어날 수 있는 유효한 전향방법은 없는가? 있다.

▷좌익사상에서 벗어나야 한다는 필요성 절감과 굳은 각오, ▷이승만·박정희 대통령 등 대한민국 건국·발전사에 대한 올바른 공부, ▷자유민주주의 사상 공부, ▷좌익사상에 대한 비판 강의 및 책자 공부, ▷기독교 등 대체 사상관 확립, ▷좌익 활동 인맥 청산, 새로운 인맥 형성 등의 노력이 필요하다. 더하여 심리상담과 함께 사상가, 역사학자 등 자유민주주의체제 전문가들의 지원을 받으면 더욱 좋을 것이다.

이러한 방법론은 앞으로 통일이 되었을 때를 대비해서도 필요하다. 주체사상, 공산주의 사상이 내재화된 2,300만 북한 주민들에게 심어진 왜곡된 사상을 어떻게 교정할 것이냐가 중요한

국가적 과제가 될 것이기 때문이다. 이러한 사상교정작업을 하지 않은 채 통일이 되면 멀지않아 반드시 심각한 문제가 발생할 것이다.

제4장

변형공산주의 알면,
세계가 보인다

01 서구형 네오막시즘의 도전과 응전

네오막시즘, 새로운 혁명방식으로 자유세계 점령하다

많은 사람들은 반공(反共, 공산주의 반대)이라고 하면 마치 "공산주의가 사라졌는데 지금 무슨 반공타령이냐?"라고 말하고, 그런 말을 하는 사람들에게 "극우"라는 딱지를 붙여주곤 한다. 이는 잘못된 관념이다. 공산주의 사상은 결코 사라지지 않았다. 1990년 전후 소련 등 동유럽 공산주의국가들이 무너진 것을 보고 공산주의 사상 자체가 사라진 것으로 착각했을 뿐이다. 이로 인해 지금의 세계는 훨씬 더 공산주의 사상으로부터의 위협에 직면해 있다.

냉전체제에는 공산권은 공산주의 국가들끼리, 자유민주진영은 자유민주주의 국가들끼리 교류했고, 두 진영은 서로 교류하지 않았다. 그래서 자유민주주의진영 국가들은 공산주의 사상의 위험에 직접 노출되지 않았다. 그러나 1990년 전후 공산권이 무너지면서 모든 세계인들이 "이데올로기의 종언", "이념의 시대는 갔다"며 공산주의에 대한 경계심을 풀어버렸다. 한편 서구의 사회주의자들은 소련의 붕괴를 거울삼아 인권, 환경, 복지 등 새로운 모습으로 재포장하여 세계인을 끌어들이고 있다. 이 변종상품이 네오막시즘이다. 네오막시즘에 의해 사상적 무방비 상태에 있던 미국은 물론 유럽이 속절없이 무너지고 대한민국까지 그 쓰나미 앞에 놓여 있다.

네오막시즘의 배아세포는 루카치와 그람시

오늘날 세계가 열병을 앓고 있는 네오막시즘은 미국의 마르쿠제에 의해 만들어진 미국형 변형공산주의이다. 마르쿠제는 독일 프랑크푸르트대학의 프랑크푸르트학파라는 모태에서 태동했다. 프랑크푸르트학파를 탄생시킨 이론적 뿌리는 헝가리 출신 루카치와 이탈리아 출신 그람시였다.

루카치는 제1차 세계대전에서 유럽의 노동자들이 혁명을 일으키지 않은 것은 기독교문화 때문이라고 보고, 이를 파괴해야만 서구의 정치혁명이 가능하다고 보았다. 이러한 서구의 정신혁명, 문화혁명을 통해 노동자의 계급의식을 변화시켜야 사회주의혁명이 가능하다고 본 것이다. 이것이 네오막시즘을 탄생시킨 출발점이었다.

루카치의 영향을 받은 인사 중 대표적인 사람이 이탈리아 공산주의자 안토니오 그람시이다. 그가 교도소에서 쓴 『옥중수고』(獄中手稿, 1929-35)가 프랑크푸르트학파의 이론에 영향을 주었기 때문이다. 안토니오 그람시는 제1차 세계대전을 겪은 후 '자본주의국가에서 사회주의혁명이 쉽게 일어나지 않고, 쉽게 무너지지 않는 이유가 2000년간 뿌리내린 기독교 문화 때문'이라고 보았다. 서구 자본주의체제를 사회주의체제로 바꾸려면 사람들이 갖는 기독교적 가치관이나 사고방식을 바꾸어 놓아야 한다고 했다. 이를 위해, 마르크스주의자들은 우선 문화, 선전기관들(신학교, 교회, 학교, 언론, 예능계〈헐리우드〉 등)을 장악해 기독교적 문화를 바꾸는 긴 행진을 해야 한다고 했다.[72] 이러한 긴 행진이 끝나게 되면 막시즘을 가로막는 모든 장애물은 조용히 그리고 조직적으로 제거되고, 사회주의체제로 혁명이 가능하게 된다는 것이다.[73] [74]

---

72) 정일권, "혁명은 안탄테로! 기독교 문화에 대한 문화전쟁(Kulturkampf)으로서의 문화막시즘"(한국기독교문화연구소, 2001.1, 3권)

73) 론 폴 외 45인 저, 김승규·오태용 역, 『문화막시즘 미국의 타락』(도서출판 이든북스, 2020), pp30-33.

74) 데이빗 A. 노오벨, 『충돌하는 세계관』(꿈을이루는사람들, 2019), pp47.

네오막시즘 모태는 독일 프랑크푸르트학파

독일 마르크스주의자들은 프랑크푸르트대학 연계 사회조사연구소(1923)를 만들어 토론, 연구했는데, 이들을 프랑크푸르트학파라 했다. 여기에 속했던 주요인물은 막스 포르크하이머, 데오도어 아도르노, 에리히 프롬, 하버마스, 허버트 마르쿠제 등이다. 이들은 헝가리 출신 루카치, 이탈리아 그람시의 이론을 수용하여 소련과 같이 총으로 혁명하지 않고 세대에서 세대로 이어가며 교육기관, 공공조직에 침투해 마르크스주의자로 만들어 혁명을 성공해야 한다고 했다. 이를 위해 '비판이론' 이라는 것을 만들었다. 비판이란 서구 문명의 토대가 되는 모든 제도 즉 기독교, 가족제도, 가부장제, 자본주의, 권위, 도덕, 애국심, 관습 등을 무자비하게 비판해 붕괴시키는 것을 목적으로 하는 이론이다.[75] 이들은 세계 프롤레타리아계급이 기독교적인 성적(性的) 가치관 등 기독교 문화에 젖어 있는 한 결코 사회주의혁명이 일어나지 않을 것이라며, 기독교 문화(특히 성적윤리)를 파괴, 전복하는 것을 목표로 삼아야 한다고 보았다. 마르쿠제 등 프랑크푸르트학파는 1933년 히틀러가 권력을 장악하자, 스위스를 거쳐 1934년 미국으로 피신해 갔다. 미국으로 옮겨간

---

75) 홍지수. 『트럼프를 당선시킨 PC의 정체』(북앤피플, 2019), pp25-28.

마르쿠제가 제2차 대전이 끝난 후에도 미국에 남아 미국발 네오막시즘을 탄생시킨 것이다.

미국발 네오막시즘, 미국을 넘어 세계로

미국발 네오막시즘은 베트남전이 한창이던 1960년대에서 1973년까지 전 세계 대학가를 강타한 뉴레프트운동(68혁명 등)을 타고 활성화되었다. 당시 네오막시즘은 여러 형태로 분화되었는데, 히피, 파괴운동, 탈권위, 반기독교, 인권운동, 월남전 반대운동(반미, 반전운동), 환경운동, 동성애 등 다양한 형태로 나타났다. 영화, 노래, 언론 등을 통해 프리섹스를 조장하고 기독교 문화를 파괴하기 위한 친좌익운동이었다. 그래서 이 사태를 목격한 빌리 그레이엄 목사는 엘비스 프레슬리의 노래에 빠진 미국 청년들의 모습을 보면서 나라를 걱정하며 기도했다고 한다.

이 운동을 주도하는 세력은 미국 역사상 가장 황금기, 풍요로운 시기에 태어난 베이비붐 세대였다. 이 시기에 뉴레프트운동을 했던 운동권 학생들은 네오막시즘을 장착한 후 사회로 진출하여 10년, 20년, 30년 뒤 미국의 정치, 경제, 사회, 문화, 교육, 신학 등을 주도하며 지금의 네오막시즘 폭발기의 토대를 만들었다.

1960~70년대 초 학생운동권(뉴레프트운동)을 만들어 네오막시즘운동의 씨를 뿌린 사람은 허버트 마르쿠제였다. 프랑크푸르트학파의 일원인 마르쿠제는 나치 독일을 피해 1934년 미국으로 망명해 뉴욕 콜롬비아대학에 안착해, 미국에 맞는 변형된 공산주의 즉 네오막시즘을 창안해 퍼트렸다.

마르쿠제는 미국의 사회주의 문화혁명을 일으킬 주체를 새로 발굴했다. 과거 마르크스-레닌은 프롤레타리아계급을 상정했는데, 마르쿠제는 프롤레타리아계급을 대체할 혁명 주도세력을 찾아 나섰다. 새로운 혁명세력이란 미국 사회에서 분노감을 폭발시킬 수 있는 그룹이어야 했다. 그렇게 해서 찾은 것이 학생, 여성, 흑인, 성소수자 등이었다. 마르쿠제는 분노를 폭발할 대상으로는 부르주아계급을 상정한 마르크스-레닌과 달리 기독교인, 백인, 남성, 이성애자 등으로 삼았다. 이들이 약자를 괴롭히는 강자, 기득권세력이라는 프레임에 가둔 것이다.

마르쿠제가 이런 프레임을 짠 것은 미국의 기독교, 가정, 교회 등을 파괴하지 않고서는 공산·사회주의혁명을 완성할 수 없다고 보았기 때문이다. 그는 '억압'과 '소외' 개념을 활용하여 "PC(Political correctness : 정치적 올바름)" 프레임을 만들었다. 그는 PC(Political correctness) 즉 정치적 올바름이란 소수자(동성애자, 흑인, 이슬람 등)를 차별하는 미국의 주도세력(기독교인, 백인 등)

을 공격하는 자신들이 옳고 정당하다는 것이다. 반대로 미국의 주류세력은 소수세력을 차별하는 나쁜 세력이라는 프레임이다. 이 PC프레임은 자신들의 공격력을 극대화하고 상대세력을 무력화시키는 고도의 심리전 전술이다. 신좌익(뉴레프트)이 노리는 목적은 가정해체, 인간해체, 도덕성 해체, 문명해체이며, 반미, 반기독교, 반백인, 반가정, 반권위주의, 반문명, 반자본주의이다.

네오막시즘 세력은 오랜 기간 이러한 'PC(Political correctness) 프레임'을 미국 사회로 지속 전파했는데, 언론(라디오, TV, 신문 방송 등), 영화, 음악, 연극 등 문화, 기독교계(신학교, 교회, 기독교 단체 등), 학교, 정부기관, 자치단체, 좌익·좌경 시민단체 등을 장악해 확산했다. 나아가 유엔, 국제인권기구 등 국제기구를 장악해 세계 전체로 영향력을 미치는 방법도 활용했다.

이러한 신좌익세력의 새로운 공격법에 대해 백인, 기독교인들은 속수무책 당해 무력화되어 있다. 자신들에게 유리한 프레임을 만들어 역공세를 취하지도 못하고 신좌익세력의 실체를 연구하거나 조직화 노력도 부족하고 아직도 그들이 쳐놓은 그물에 갇혀 허우적거리고 있다. 사상전, 프레임전에 대한 이해 부족이 낳은 산물이다.

68혁명(뉴레프트운동), 미국사회를 좌경화로 이끈 기폭제

미국은 1950년 한국전쟁(6·25전쟁) 참전으로 공산주의의 위험성을 깨달아 잠시 반공 열풍이 불었는데, 매카시즘은 그 열풍의 단면이다. 그러나 1960년대 말부터 매카시즘 등 반공정책에 대한 역풍이 강력하게 불었다. 1968년 미국 대학가에서 베트남전 반대운동(반전운동, 반미운동)을 명분으로 한 뉴레프트운동이 강하게 일어났기 때문이다. 이 운동은 독일, 프랑스 등 유럽은 물론 일본 등에서도 동시다발적으로 일어났다.

이에 따라, 미국에서는 1960년대 말 이후 언론매체들과 영화, TV드라마 등에서 반전, 반공활동을 비하하는 내용이 봇물을 이루었다. 당시 미국 대학교에서는 교수연구실마다 마르크스, 마오쩌둥(모택동), 체 게바라, 트로츠키 등 유명 공산주의자들의 초상화를 붙이는 열풍이 불었다.

당시 미국이나 유럽 등에서 일어난 뉴레프트운동은 자연스럽게 일어난 것이 아니라 소련 KGB 등 공산주의진영의 심리전 공작의 결과였다는 것이 드러났다. 소련 KGB의 심리전 공작 담당관 '유리 베즈메노프'가 1970년대 캐나다로 망명하여 1984년 증언함으로써 밝혀진 사실이다. KGB는 장기간(15~20여 년간) 미국의 학생들을 대상으로 집요하게 심리전 공작을 폈다고 증언했다. 그는 1960년대 미국 대학을 다녔던 사람들은 사상적으로 '오염

된 사람들'이라고 규정했다. 세뇌된 이들에게는 아무리 참된 정보를 보여주어도 흑은 흑이고 백은 백이라고 증명을 해 보여도 생각이 바뀌지 않는다며 세뇌의 부작용을 강조했다. 그는 소련 KGB의 심리공작 목표를 "첫째, 미국인들에게 공산주의 환상 지속 주입, 둘째, 자유민주주의체제에 대한 올바른 인식 마비, 셋째, 국가수호 의지 자체를 마비시키는 것"이라고 밝혔다.

1960년대에서 1970년대 초 뉴레프트운동에 참여했던 좌익·좌경 운동권 학생들은 대학을 졸업한 후 정치, 경제, 사회, 문화 등 각 분야로 진출했다. 이들은 이후 미국의 정치, 경제, 언론, 사회, 문화, 교육 등을 좌경으로 이끌었으며, 미국은 물론 전 세계 자유민주주의국가들에 많은 영향을 미쳤으며, 유엔 등 국제기구들의 좌경화에도 큰 영향을 미쳤다.

데이빗 A. 노오벨이 쓴 『충돌하는 세계관』에 따르면, 1960년대 뉴레프트운동이 일어난 이후 마르크스-레닌주의자들이 대학가에서 얼마나 빠른 속도로 확산되었는지 소개하고 있다.[76] 소

---

76) 미국 동부의 뉴욕주에 있는 뉴욕대학교 허버트 런던(Herbert London) 교수도 1960년대 말부터 1980년대에 이르는 마르크스주의 확산에 놀라움을 이렇게 표현했다. 그는 1987년 "지난 20년간 미국대학에서 마르크스주의의 행보는 경이로울 정도다. 모든 학문 분야가 마르크스주의에 영향을 받았으며, 거의 모든 교직원 집단들이 마르크스주의 전임학자를 포함한다."라고 말할 정도였다. – 데이빗 A. 노오벨, 『충돌하는 세계관』(꿈을이루는사람들, 2019), pp46.

련 등 동유럽 공산권을 붕괴시킨 레이건 대통령 때도 마르크스-레닌주의자들이 폭발적으로 증가하고 있었다.

소련이 무너진 후 미국사회에 더욱 퍼진 변형 공산 · 사회주의

레이건 대통령은 1980년대 소련(고르바초프 서기장)과의 군사적, 경제적 대결에서 승리했고, 1990년 전후 동유럽과 소련이 무너졌다. 미국민은 물론 전 세계인들도 이를 두고 자유민주주의체제가 공산주의 체제와의 전쟁에서 승리했다고 자축했다. 이는 오판이었다. 소련, 동유럽 공산주의국가들이 무너진 것이지, 공산주의 사상이 사라진 것이 아닌 데, 너무 일찍 샴페인을 터트린 것이다.

『충돌하는 세계관』의 저자 제임스 C. 돕슨 박사, 게리바우어는 마르크스-레닌주의에 대해 "마르크스주의가 1989년 베를린장벽과 함께 무너져 내렸다"고 믿는 사람들이 많지만, "불행하게도 마르크스주의는 무너지지 않았다. 정치적, 제도적 마르크스주의의 형태는 아니지만, 여전히 마르크스주의는 학문 분야에서 또한 다양한 정치적, 경제적 이데올로기에 큰 영향력을 발휘한다."라고 분석했다. 그리고 마르크스주의의 주요 구성 성분들(무신론, 유물론, 진화, 실정법, 정신과 영혼의 부정, 자유연애, 성적 자유화, 사회주의 등등)이 동서 유럽, 러시아, 중국, 쿠바, 그리고 라틴 아메리카 일부뿐만 아니라 미국 대학들 내에서도 살아 번창하고 있다는 것이 가혹한 현실이다."라고 분석했다.[77]

미국 내에 마르크스주의, 사회주의, 네오막시즘 등 이름의 좌익 · 좌경 이데올로기들이 수십 년간 지속적으로 확산된 결과, 오늘날 미국은 어떤 모습일까?

케이토연구소에서 2019년 미국인들의 사상 관련 여론조사를 했다.[78]

"자본주의와 사회주의에 대해 어떻게 생각하십니까?"

자본주의에 호감이 59%, 비호감이 39%, 사회주의에 대한 호감이 39%, 비호감이 59%로 나타났다. 이는 미국민 중에 사회주의에 대한 호감도가 39%로 커졌다는 것인데 이는 미국인들이 상당히 좌경화되었음을 수치로 드러낸 것이다. 특히 공화당 지지자들은 자본주의에 호감이 77%, 사회주의에 호감이 13%인데 반해, 민주당 지지자들은 자본주의에 호감 45%, 사회주의에 호감이 64%로 나타났다. 이것은 공화당과 민주당 간의 사상적 상이성이 이전보다 더 뚜렷해졌음을 의미한다. 공화당과 민주당 간 양보 없는 사상투쟁, 체제전쟁을 예고하는 대목이다. "21세기에 사회주의가 부활하고 있다. 미국에서 사회주

---

77) 데이빗 A. 노오벨, 『충돌하는 세계관』(꿈을이루는사람들, 2019), pp29-30, pp34.
78) 김정호교수 운영 김정호TV.

의는 그동안 약했으나 지금은 버니 샌더스와 AOC와 같은 이들 뿐만 아니라 민주당의 주축세력 역시 사회주의 이념을 수용하고 있다."라는 주장이 사실로 드러나고 있다.

미국인들, 변형공산주의의 도전 자각과 응전 준비

그간 주류 미국인들은 대체로 체제전쟁, 사상전에 대해 무지하거나 별 관심이 없었는데, 2020년 대선전을 겪으면서 미국이 심각한 사상전, 체제전쟁 상태에 있음을 깨닫기 시작했다.

유명 영화배우 존 보이트는 2020년 말 이렇게 말했다. "피부색과 종교가 다른 모든 미국민은 지금이 남북전쟁 이후 최대의 싸움이라는 것을 알아야 한다. 지금은 정의의 세력과 사탄의 결전이다. 사악하고 부패한 좌익세력이 미국을 파괴하려 하고 있는데 절대 용납해서는 안 된다. … 우리는 이 싸움이 지구상에서 마지막이란 각오로 물러서지 말고 용감하게 싸워야 한다"

미국에서 유럽 넘어 한국 덮친 네오막시즘

미국을 허물고 유럽과 호주 등을 초토화시킨 네오막시즘이 드디어 대한민국을 덮치고 있다. 대한민국세력은 기독교인이 아니더라도 네오막시즘을 공부하고 결전을 준비해야 한다. 네오막시즘은 과거 소련식, 북한식 공산주의와는 다른 선진 자유민주주의체제의 국가사회를 무너뜨리도록 해놓은 맞춤형 변종공산주의이기 때문이다. 이들의 궁극적 목적은 자유민주주의체제를 허물고 사회주의체제로 체제혁명을 성공시키는 데 있다. 대한민국세력은 이들의 위장술과 변칙복싱을 알아야 대한민국의 자유민주주의체제를 방어할 수 있다.

문재인 정권이 등장한 후 군 인권법과 각종 인권조례 등이 수없이 제정되었고, 차별금지법안, 건강가정기본법안, 주민자치법안 등 네오막시즘에 입각한 악법들이 제정되거나 발의된 상태에 있다. 이 법안들은 인권이라는 명분으로 성별, 사상, 인종, 종교 등에 대한 차별금지를 규정하고 있다. 예를 들어 동성애자, 사회주의자, 외국인, 이슬람교 등에 대한 비판적 언행을 하는 사람에게 법적 처벌을 하겠다는 것인데, 정상적인 다수 국민들과 기독교인들이 이들을 비판할 수 없도록 입에 재갈을 물리는 법, 이른바 '표현의 자유' 박해법이라 할만하다. 미국 좌익 · 좌경세력이 활용하는 PC(Political correctness : 정치적 올바름)의 한국판 법이다. 이러한 법이 만들어지면 잘못을 잘못이라고 비판할 수 없는 사회, 억압된 사회, 이른바 '좌익 전체주의 사회'로 치달을 수밖에 없다.

이미 초등학교에서도 교과서, 강의 등을 통해 그릇된 성문화를 가르치고 있다. 기독교계에서는 이러한 법과 교육 등으로 인해 젠더 관념이 보편화하게 되면, 우리 사회의 성적 문란에 그치지 않고 가정 파괴, 기독교 파괴, 교회 파괴, 대한민국 자유민주주의 해체, 나아가 인류문명 파괴로 이어질 것으로 보고 있다.

한국사회에 문제가 되고 있는 동성애, 젠더, 페미니즘, 성 해방, 다문화주의 등의 운동은 김대중 정부 때인 2000년경 여성부를 설치하고(2001) 국가인권위원회법에 동성애를 지칭하는 '성적 지향'이라는 말이 인권이라는 말로 포장되어 등장했다. 이것이 불과 20여 년만에 미국과 유럽처럼 심각한 상태로 치닫고 있다.79)

네오막시즘은 60-70년대 폭발적으로 일어났다가 2000년대 재폭발이 일어나고 있다. 2000년대 재폭발이 일어난 것은 공산주의, 사회주의세력이 1990년 전후 동구 공산권 붕괴로 인해 과거 전통공산주의 방식으로는 한계가 있음을 깨닫고 새로운 형태의 문화혁명으로 포장해 대중을 기만할 필요가 있었기 때문이다. 이것은 마르크스의 혁명이론을 변형하여 만든 신개념 공산주의 혁명이론인데, 문화막시즘, 신막시즘이라고 하며, 변종공산주의, 문화공산주의라고 할 만하다.

---

79) 론 폴 외 45인 저, 김승규 · 오태용 역, 『문화막시즘 미국의 타락』(도서출판 이든북스, 2020), pp15.

02 중국 변형공산주의의 도전과 응전

중국은 마오쩌둥(모택동)이 죽고(1976) 덩샤오핑(등소평)이 1978년 실질적인 통치권을 장악하자, 즉시 개방정책으로 나아갔다. 덩샤오핑은 1978년 개혁개방을 선언하고 미국과의 수교(1979.1)를 시작으로 세계 시장경제체제 안으로 들어왔다. 미국이 중공(중국공산당)을 개방체제의 파트너로 받아들인 것은 중국이 시장경제체제를 도입하면 세계 자유민주주의체제에 더 이상 위협이 되지 않거나 자연스럽게 공산·사회주의체제가 바뀔 것으로 기대했기 때문이다. 그래서 미국은 물론 유럽 등도 중국제품을 구매해주고 자국 기업들이 중국에 진출하는 것을 허용했고, 심지어 2001년 WTO(Tho World Trade Organization, 세계무역기구) 가입까지 허용해 경제대국으로 성장하도록 해주었다.

그러나 중국공산당은 경제 대국으로 올라서자, 그간 도움을 준 국제사회의 기대를 저버리고 세계패권 장악 야심까지 드러냈다. 2013년 시진핑이 주석직에 선출된 이후 일대일로(一帶一路, One belt, One road : 해양·육상 길을 하나로 묶는 실크로드)정책으로 세계패권 장악을 노골화했으며, 미국 패권에 도전하기 시작했다. 중국은 2020년 홍콩 자유화 탄압사태를 통해 공산주의 본성을 드러냈고, 코로나19사태를 통해 자유 세계를 위협하는 존재라는 사실을 만천하에 드러냈다. 이에 미국을 중심으로 유럽, 일본, 호주 등 자유 세계국가들은 연합하여 중국의 위협에 공동대응하고 있다.

(1) 중국 환대한 미국과 자유세계, 드디어 중국공산주의 본질 깨닫다

미국 등 자유 서방세계는 중국의 개혁개방정책에 대해 호의적으로 생각했다. 중국이 개혁개방정책을 추진하여 세계와 교류하면 자연스럽게 공산주의체제에서 자유민주주의체제로 변할 것으로 판단했기 때문이다. 이는 오판이었다.

중국은 결코 자본주의, 글로벌 세계시장을 활용하여 이익을 취하는 전술을 취했을 뿐, 결코 공산주의체제의 세계통일을 추구하는 목표를 포기하지 않았다.

미국은 그간 중국의 해킹, 중국기업들의 불법행위, 유학생들의 스파이 활동, 미국 기업과 정치인 대상 친중화 활동 등의 문제점과 중국 일대일로정책이나 홍콩 자유 침해, 대만 위협, 남중국해에서 자유주의 해양질서 위협 등 미국 패권에 도전하는 행태에 대해 오랫동안 우려감을 가지고 견제하기도 했었다. 트럼프 정부에 와서, 미국은 중국문제의 심각성을 절감하기 시작했다. 특히 2018년 미-중 무역전쟁, 2019-2020년 홍콩 자유화

시위탄압사건, 코로나19사태 등을 겪으면서 중국에 대해 단순히 관세부과(25% 등), 법적제재 등만으로는 교정이 불가능하다고 판단했다. "변할 것을 기대하고 50년을 교류했는데, 공산주의는 역시 바뀌지 않는다"는 결론에 이른 것이다.

이에 따라, 트럼프 정부의 핵심 폼페이오 국무장관은 2020년 7월 23일 발표한 일명 '트럼프독트린'에서 "(시진핑은) 전체주의 공산당 독재자이자 은인을 죽이는 현대판 프랑켄슈타인"이라고 비난하며 "반드시 중국 공산당시대를 끝내도록 싸울 것이며, 반드시 승리할 것"이라고 강조했다. 이 트럼프독트린 노선은 바이든 정부에도 이어지고 있는 상태다. 영국, 독일, 프랑스 등 유럽은 물론 호주, 인도 등도 미국의 이러한 반중 노선으로 급속히 집결하고 있다.

(2) 중국은 다시 마오쩌둥(모택동)체제로 돌아가나?

중국 시진핑(습근평) 주석은 미국과의 패권경쟁은 물론 글로벌 국제시장에서의 퇴출 조치나 국제사회의 고립화 노선에도 정면 대응하겠다는 의지를 보이고 있다. 이제 다시 도광양회 상태로 되돌아가는 것은 불가능하다고 보고 있다. 그리고 시장경제체제의 근간(根幹 : 중심 뿌리)을 허무는 정책도 과감히 추진하고 있다.

중국은 마오쩌둥(모택동)에 의해 1966년 5월부터 10년간 공산문화혁명이 일어나 기존 유교문화, 전통문화를 송두리째 뽑아버리고, 그 빈터 위에 마오쩌둥식 공산주의문화로 재건축된 나라다. 소련, 동유럽 공산국가들의 공산주의혁명은 정치, 경제적 공산주의혁명이었다면, 중국의 공산주의혁명은 정치, 경제혁명에다 문화혁명(전통 유교문화 · 도덕문화 · 교육문화 해체, 가정 해체, 남녀관해체, 개인사상 개조 등)을 포함하는 총체적 혁명이었다. 중국이 시장경제 활동을 한다고 해서 도덕성, 이성에 기초한 자유민주주의 사상이 확립될 것으로 생각하는 것은 순진한 생각이다.

트럼프 정부는 2020년 7월 이른바 '트럼프독트린'을 발표했는데, 외교적으로는 도저히 이해할 수 없는 표현까지 써가며 전쟁을 선포한 것이다. 이는 미국 정부가 중국의 본질을 간파했다는 뜻이다. 중국은 미국과 유럽 등 자유 세계를 수단과 방법을 가리지 않고 파괴하고 세계패권을 장악하겠다는 사악한 의도를 분명히 한 것이다. 이는 중국군이 1999년 만든 『초한전』(超限战 : Unrestricted Warfare)이라는 전략보고서에서 잘 드러내고 있다. 중국군이 만든 초한전이란 기존의 전쟁 개념을 완전히 초월하는 새로운 전법을 말한다. 상상을 초월하는 모든 수단을 전쟁에 도입하겠다는 것이다. 이들은 원자전, 생화학전, 생태전, 전자전, 테러전, 외교전, 사이버전, 정보전, 심리전, 밀

수전, 마약전, 금융전, 무역전, 자원전, 경제원조전, 법률전, 언론전, 이데올로기전 등 24개의 전법을 제시했다. 이 보고서가 공개되자 "미국을 파괴하려는 중국의 마스터플랜" "서방에 대한 '더러운 전쟁'의 청사진"이라고 강하게 비난했다. 그러나 미국 육군사관학교와 해군사관학교가 이 책을 각각 필독서와 정식 교재로 채택하고 있다고 한다.[80]

어쨌든 미국은 시진핑 중국이 미국 내로 중국문화를 전파하는 공작을 공격적으로 전개하고 있다고 파악하고 있다. 중국이 전파하는 중국식 변종공산주의는 덩샤오핑식이 아니라 마오쩌둥식으로서, 문화혁명 때 등장했던 문화공산주의로 포장한 폭력혁명적 공산주의라는 것이다. 미국 정부와 미국 국민들은 과거 소련(공작기관 KGB)이 했던 것처럼 중공 정부가 정치·문화공작을 통해 주요 인물들과 단체들을 포섭하여 미국 정계, 언론계, 경제계, 학계, 문화계 등 각계에 친중, 친사회주의, 반미, 반자본주의 의식을 꾸준히 전파해 왔다는 점을 깨달았다.

(3) 대한민국으로 밀려드는 중국몽, 도전과 응전

1992년 대한민국은 중국과 한·중 수교를 하고 문호를 열었다.

---

80) 국방일보, "초한전, 모든 상상·한계 초월⋯ 전통적 전쟁관 뒤집었다", 2020.

1989년 천안문사태로 국제사회에서 고립된 덩샤오핑은 한·
중 수교 카드를 내밀었고 노태우 대통령이 그의 손을 잡아주었
다. 대한민국은 정부나 국민들도 한·중 수교가 가져올 파장을
생각하지 않은 채 부푼 환상을 가졌다. 중국의 거대한 시장과
저임금의 노동시장이 있으니 막대한 이익을 얻을 수 있을 것이
고, 한반도에서 냉전의 장막을 걷어내는 데도 도움이 될 것으
로 생각했다. 현실은 부작용이 너무 컸다. 우리나라에서 일었
던 노사분규로 인한 급속한 임금인상으로 중소기업들이 대거
저임금을 찾아 중국으로 몰려갔고, 일시에 국내 제조업 기업들
이 사라지고 수많은 노동자들이 직장을 잃었다.

중국은 시진핑체제에 들어선 2013년 이후 경제력을 무기로 삼
아 그간의 협조적 자세에서 벗어나 패권적, 고압적 자세로 돌변
했다. 사드 배치 보복 조치 등 한국을 미국의 우산에서 이탈시
켜 중국 영향권 아래 두려는 정책을 노골화하고 있다. 중국은
한국 내 주요 정치인, 법조인, 언론인 등 주도층에 친중네트워
크를 구축하고 있다. 중국인에 의한 대량 부동산 매입, 공자학
당, 공자학원에 의한 중국 공산주의문화 전파도 심각한 상태다.
실제로 정권 주도세력이 중국 모델의 사회주의체제로 변혁하
려는 것이 아니냐는 우려가 제기되고 있다. 2017년 9월 당시
추미애 더불어민주당 대표도 "토지세를 높여 지주들이 땅을 팔

도록 유도하고 이를 국가가 사들이는 방향으로 가는 것이 바람직하다."면서 "사용권은 인민에게 주되, 소유권은 국가가 갖는 '중국식'이 타당하다"고 주장했다. 문 정부가 과도하게 종합부동산세 등 과도한 부동산세금을 걷는 것도 부동산 제도를 중국식으로 가려는 과정이 아닌가 하는 주장도 있다.

이러한 중국식 사회주의적 시장경제 제도가 우리에게 중요한 것은 현 집권 세력이 꿈꾸고 있는 이상이 바로 중국식 사회주의적 시장경제 제도이기 때문이다. 행정, 사법, 입법을 다 장악하고 나서 토지 공유화, 국유화로 가려고 한다. 기업은 노조와 외부에서 들어온 이사들이 장악하여 기업에 대한 지배력을 확장하면 피를 흘리는 혁명 없이 남한의 사회주의화가 실제로 가능하다는 것이다. 이 모든 과정에서 중국의 힘을 빌어 중국과 같은 나라로 만들려고 하는 것이다. 단순히 친중정책을 펴는 것이 아니라, 궁극적으로 중국식 사회주의적 시장경제 제도로 나아가려고 하기 때문에 문제가 있는 것이다.

03 자본주의체제 글로벌화, 자유민주주의 위협한다

중국이 글로벌 시장경제체제 안으로 들어오면서 국제분업화가 일어났는데, 제조업이 중국 중심으로 재편되었다. 미국, 유럽,

일본, 한국 등 전통 제조업 국가들에서는 자국 내 기업들과 양질의 일자리를 중국에게 **빼앗기고**, 자유민주주의체제의 경제적 토대인 기업과 일자리, 중산층이 무너져 갔으며, 국내 빈부격차가 심해져 갔다. 중산층의 축소와 빈곤층 증대는 사회주의적 복지를 요구하는 세력의 증대를 가져왔고, 자유민주주의체제를 위협했다. 이렇듯, 자본주의체제의 글로벌화는 외형은 자본주의체제의 고도화로 보이지만 실상은 서방국가들의 자본주의 경제체제의 토대를 약화시키고 정치적 자유민주주의체제를 위협하는 요인으로 작용하고 있다.

결론적으로 보면, 미국 등 서방세계가 중국을 글로벌 경제체제 내로 과도하게 끌어들임으로써, 자유민주적 세계질서가 위협당하는 결과를 낳은 것이다.

제4부

대한민국
바로세우기 전략

20
30
文
大
勢

제1장

대한민국은 어떤 체제인가?

01 대한민국 헌법이 규정한 헌법정신과 체제

대한민국 헌법은 천부인권('하나님이 인간에게 불가침의 권리를 부여했다'는 관념) 관념에 바탕하여 국민 개인의 존엄성과 인권을 규정하고 이를 보호하기 다양한 제도를 두고 있다. '국민주권원리, 자유민주주의체제(권력분립·법치주의·복수정당제 등), 자본주의체제(사유재산제·시장경제질서 등), 국민의 기본권 보장(인간의 존엄성·행복추구권·자유권 등)' 등이 그것이다.

1) 국민주권 원칙

헌법 제1조 1항에서는 '대한민국은 민주공화국이다'라고 규정하고 있다. 공화국이라는 말은 국가의 주권이 군주가 아닌 국민에게 있음을 의미한다. 이때의 국민은 두 개의 국민(촛불국민과 보수국민)이 아니고 모든 국민이 하나라는 의미다.

2) 자유민주주의체제 지향

헌법이 규정한 자유민주적 기본질서

우리나라 최상위법인 "대한민국헌법"은 전문(前文)에 "유구한 역사와 전통에 빛나는 대한국민은 … 자율과 조화를 바탕으로 자유민주주의적 기본질서를 더욱 확고히 하고 …"라고 규정하여 대한민국이 자유민주주의체제 임을 선언하고 있다.

헌법 제4조에서는 "대한민국은 평화통일을 지향하며, 자유민주적 기본질서에 입각한 평화적 통일정책을 수립하고 이를 추진한다"라고 규정하여 자유민주주의체제로의 통일을 강조하고 있다. 즉 우리 대한민국은 자유민주주의체제이고 북한과의 통일도 자유민주주의체제의 틀 속에서 이루어져야 한다는 선언이다.

문 정권 헌법개정안의 문제점

2008년 2월 공개한 문재인 정권과 여당의 헌법개정 초안은 심각한 문제점들이 있었다. 그중에서 대표적인 독소조항들을 살펴보기로 한다.

첫째, 문 정권과 여당은 헌법개정 초안을 공개할 때, "자유민주적 기본질서" 용어에서 "자유" 글자를 삭제했다가 반발이 일자 부랴부랴 다시 삽입하는 해프닝이 있었다. '자유' 글자를 삭제한 것은 자유민주주의가 아닌 다른 민주주의로 바꿀 의도였다고 평가된다. 다른 민주주의란 민중민주주의(인민민주주의)이며, 사회주의체제로 가는 중간과정을 의미한다. 비판이 일자 금방 다시 삽입했는데, 이는 자유민주주의를 다시 지키겠다는 의사가 아니다. '자유' 글자를 두어도 체제변혁에 지장이 없어서 일 것이다. 이미 '자유민주주의는 "사상의 자유"가 있어 사회주의, 공산주의도 허용된다' 는 논리로, 자유민주주의 개념을 확장해 놓았기 때문이다.

둘째, 북한과 '연방제 통일' 을 준비하는 과정으로 이해되는 과도한 지방분권정책을 추진하고 있다는 점이다. 문재인 대통령은 2017년 7월 시도지사 간담회에서 "연방제에 버금가는 지방분권을 이루겠다"고 발언을 한 바 있는데, 그것이 헌법개정안에 포함된 것이다. 헌법의 상징적 조항인 제1조에 "대한민국은 지방분권국가를 지향한다"라는 내용을 삽입했는데, 지방분권 정책을 체제변혁 수단으로 이용할 의도가 의심스러웠다. 제 123조 1항에는 "법률이 정하지 않는 조례 제정이 가능하다"라는 내용까지도 삽입했었다. 이는 지방정부가 지방공화국 정부로서 독립된 입법권을 행사하겠다는 의도로 읽혀진다.

셋째, 세계 자유민주주의국가들은 헌법에 기본권 향유 주체를 '국민'으로 규정하고 있다. 그러나 문재인 정권과 여당은 헌법 개정안에 기본권 향유 주체를 "국민"에서 "사람"으로 바꾸어 놓았다. 이에 따르면, 헌법이 규정하는 기본권(자유권, 참정권, 청구권, 사회적 기본권〈교육권, 노동권, 환경권, 복지권리 등〉)을 외국인도 누릴 수 있게 된다. 당시는 도저히 이해가 되지 않았는데, 최근 발의된 법안들을 보면서 기본권 향유 주체를 '사람'으로 바꾼 저의를 알 수 있었다. 주민자치법안(주민자치기본법안, 주민자치회 조례 등)은 재외동포(중국조선족 등)나 외국인도 읍면동 주민으로 활동할 수 있도록 했다. 외국인이 정당활동을 할 수 있도록 하는 법안과 4년제 대학을 졸업하면 임시국적을 주는 법안까지도 발의한 상태다.

넷째, 현행 헌법 19조의 "모든 국민은 양심의 자유를 가진다"는 조항을 "모든 사람은 사상의 자유를 가진다"로 바꾸어 놓았다. '양심의 자유'를 '사상의 자유'로 교체한 것이다. 사상의 자유를 허용한다는 것은 공산주의, 사회주의, 주체사상 등 반체제사상을 자유롭게 연구, 조직, 전파하는 자유를 허용하겠다는 의도다. 사상의 자유를 허용하려는 의도가 여러 가지 법률안 속에도 녹아 있다. 차별금지법안에는 "사상"에 따른 차별금지를 규정해 놓았고, 주민자치기본법안(김영배 의원안)에도 "신념"에 따른 차별금지를 규정해 놓고 있다.

다섯째, 아이들을 "독립적 인격 주체"로 규정하고 있다. 국가가 부모의 양육권이나 교사들(교회 교사, 유치원·학교 교사 등)의 교육권에 간섭하려는 의도가 아닌가 의심된다.

02 대한민국은 자유민주주의체제, 시장경제체제

(1) 자유민주주의체제를 지키려면 그 본질을 알아야

자유민주주의체제의 허약성 알아야 체제수호 가능

자유민주주의체제는 다른 체제보다 좋고 우월한 체제이지만 잘 부서질 수 있는 허약한 체제이다.

첫째, 자유민주주의는 주권자인 국민이 이성적이고 합리적 판단능력이 있을 때 정상적으로 작동되는 체제이다. 그러나 국민들이 이성적 판단능력이 부족하거나 감정적일 때 정상적으로 작동되기 어렵다. 나쁜 정치세력의 선동이나 포퓰리즘(인기영합정책)에 휘둘리면서 국가운영이 잘못된 방향으로 가기 때문이다.

둘째, 자유민주주의체제는 언론의 자유, 결사·집회·시위의 자유, 정당의 자유 등 다양한 자유를 보장하는데, 반체제세력이 이러한 자유를 악용하여 정권을 장악하고 체제변혁을 기도할 수 있다.

1919년 만들어진 독일의 바이마르헌법은 세계 최고로 훌륭한 헌법이었다. 모든 자유권을 허용했고, 세계 최초로 생존권까지 보장했었다. 그러나 치명적 약점이 있었는데, 자유민주주의체제를 부정하는 자유까지도 보장해 준 것이다. 자유민주주의를 유린한 히틀러가 선거를 통해 정권을 장악하는 것을 막지 못했다.

우리나라도 마찬가지다. 자유민주주의가 허용하는 자유권, 각종 제도 등을 활용하여 반체제세력이 재야단체와 정당 등을 통해 세력을 키운 후 군중집회와 선거를 통해 정권을 장악해 각종 사회주의로 가는 악법을 만들고 정책을 펴서 자유민주주의 체제를 허물고 있는 것이다.

20세기 등장했던 자유민주주의국가들, 대부분 무너지다

자유민주주의체제가 허약성으로 인해 무너진 최초의 사례는 러시아였다. 1917년 2월혁명으로 군주정권을 무너뜨리고 수립한 자유민주주의 노선의 케렌스키 정권은 레닌이 이끄는 공산세력에 의해 10월혁명으로 맥없이 무너지고 노동자(프롤레타리아)독재→공산사회주의체제로 바뀌고 말았다.

러시아 프롤레타리아독재정권을 수립한 레닌은 1919년 국제공산조직인 코민테른을 만들어 유럽과 동아시아로 공산혁명 수출을 위해 노력했다. 유럽 각국에서는 "평등한 세상을 만든다"

는 선전선동에 의해 사회주의세력이 폭발적으로 확장되었다. 1
차 세계대전 이후 등장했던 유럽의 많은 자유민주주의 국가들
은 확장되는 공산세력과 이에 대응하는 반공세력 간의 내전적
상황으로 무너지고, 권위주의체제나 전체주의체제로 나아갔
다. 헝가리(1919), 터키(1920), 이탈리아(1922), 포루투갈(1925), 폴
란드(1926), 유고슬라비아(1929). 독일(1933), 오스트리아 · 에스
토니아 · 불가리아(1934), 루마니아 · 라트비아(1935), 스페인 ·
그리스(1936) 등에서 자유민주주의국가가 무너졌다. 독일이 유
럽전을 시작한 1939년부터는 독일에 의해 체코슬로바키아
(1939), 덴마크 · 노르웨이(1940.3), 벨기에 · 네덜란드(1940.5)가
독일의 공격으로 무너졌다. 프랑스는 1940.5 독일의 공격을 받
고 6개월 뒤에 무너졌다.[81]

제2차 세계대전 직후 서유럽국가들에는 자유민주주의체제가
부활되었고, 제3세계의 신생국들이 많이 탄생했는데, 도입한
지 15년 만에 거의 모두 붕괴되고 말았다.

자유민주주의적 품성 함양해야

자유민주주의는 제도만으로 성공할 수 있는 것이 아니다. 국민

---

81) 양동안, 『벼랑 끝에 선 한국의 자유민주주의』(인영사, 2017), pp34-36.

들이 자유민주주의를 성공할 수 있는 품성을 가지고 있어야 한다. 정치학자 카알 벡커 교수는 민주주의의 내적·정신적 조건으로 세 가지를 들고 있는데, 첫째는 서로 의견을 달리해도 좋다는 점에 동의하는 원칙이고, 둘째는 다수결의 원칙이며, 셋째는 타협의 원칙이다. 내 의견만 옳고 남의 의견을 나쁘다고 생각하는 배타적·독선적 문화에서는 민주주의가 꽃 필수 없다. 남이 나와 다른 의견을 가질 수 있다는 생각을 가져야 민주주의가 가능하다. 그래야 토론과 타협이 가능하기 때문이다. 그런 정신이 없는 곳에서 다수결은 다수의 횡포일 뿐이다.

(2) 대한민국은 시장경제체제·자본주의체제

대한민국은 헌법은 자유민주주의체제를 지향하고 있다. 이 가운데 경제적 자유민주주의체제를 자본주의체제, 시장경제체제, 자유경쟁체제라고도 표현한다.

1) 자본주의 시장경제체제란?

자본주의 시장경제체제를 이해하기 위해서는 경제학의 기초개념을 이해해야 한다. 자본주의 시장경제체제에서 경제활동의 핵심은 기업이다. 기업은 이윤을 남기기 위해 상품을 만드는 주체이다. 기업은 노동·자본 등 생산요소들을 투입하여 상품을 만든 후 시장에 판다. 기업은 상품이 시장에서 잘 팔리면 큰 이익을 남기고, 팔리지 않으면 큰 손해를 보게 된다.

자본주의 시장경제체제는 어떤 특징이 있을까? 첫째, 자본가가 기업을 만드는 1차적 동기는 이윤을 얻으려는데 있다. 둘째, 상품을 만드는 데는 노동력과 함께 자본도 중요한 요소이다. 셋째, 기업은 다른 기업과 누가 고객을 더 만족시키는 상품을 만드느냐를 두고 치열하게 경쟁하는 체제이다. 넷째, 기업은 시장의 신호에 따라 움직이고, 시장에서 고객들에게 외면당하면 도태된다. 기업들은 시장에서 도태되지 않고 고객들의 기호에 맞는 제품을 만들기 위해 끊임없이 노력한다. 그래서 자본주의체제 국가들이 잘 살게 되는 것이다.

2) 자본주의체제의 문제점과 대응책

자본주의체제는 긍정적인 측면도 많지만, 부정적 측면도 있다. 경쟁에서 도태되거나 경쟁력 자체가 없는 사람도 있다. 이로 인해 빈부격차가 심해지고 빈곤한 계층이 불만세력화할 수도 있다. 따라서 정부는 시장경제의 실패에 대한 조정이나 독과점 규제, 노동운동의 허용, 복지·평등정책 도입 등 보완책을 사용하지 않을 수 없는 것이다.

과도한 복지포퓰리즘 정책 중단해야

복지정책이라는 사회안전망은 반드시 필요하다. 그러나 시장 경제체제의 본질을 해칠 정도로 과도하면 안 된다. 대한민국은 현재 복지정책이 지나쳐 국가부채 규모가 급증하고 있다. 이는 앞으로 후세들에게 큰 부담으로 작용할 것이다. 세계 석유매장량 1위의 베네주엘라가 경제 파탄상태에 처한 것도 차베스-마두로 정부의 과도한 복지정책 때문이었다. 20세기 초 세계 선진국 5위 안에 들었던 아르헨티나가 저개발국으로 떨어진 것도 페론 정부의 과도한 복지정책 때문이었다. 대한민국이 이런 나라의 전철을 밟지 않기 위해서는 과도한 복지정책을 중단해야 한다.

올바른 경제관념과 노블레스 오블리주 정신 함양할 때

우리나라 기업들은 그간 국가 경제발전에 크게 기여했지만, 자성할 점도 없지 않다. 기업윤리보다는 어떻게든 돈을 많이 벌면 된다는 행태들이 많았던 것도 사실이다. 부동산을 통한 부의 증식, 정경유착, 대기업 2세, 3세들의 교만한 행태, 서민업종 과도한 침투 등이 문제점으로 지적되어왔다. 이러한 부정적 행태들이 좌익세력의 확산의 빌미를 제공한 측면이 있다.

특히 대한민국이 체제위기를 당한 이후, 경제계나 경제인들이 어떤 생각을 갖는지 궁금할 때가 많았다. 어떤 국가든, 체제든 가장 혜택을 누리는 그룹이 앞장서지 않으면 결코 그 나라와 체제가 제대로 지켜지지 않는다는 것이 냉엄한 역사의 진리이다. 앞으로 기업인들은 노블레스 오블리주 정신을 함양하는 노력이 필요하다.

제2장

대한민국 체제위기 극복방안

1) 대한민국 위기의 본질 인식하기

현재 대한민국의 위기의 본질은 70여 년간 유지해온 자유민주주의, 시장경제체제가 붕괴되는 체제위기이고, 1948년 건국되고 발전해온 대한민국의 총체적 붕괴위기이다. 그런데, 그 위기가 선거나 국회 입법 등을 통해 이루어지기 때문에 체제가 무너지는 줄 잘 깨닫지 못하는 것이다.

현재 대한민국의 체제위기를 가져오는 세력은 누구인가? 대한민국 내에서 자유민주주의를 허물고 사회주의체제로 변혁하려는 세력이 체제위기를 가져오고 있다. 이들이 소수세력이기는 하지만 정치는 물론 사회 주도권을 가지고 있다. 이들에 의해 지금 대한민국의 각종 법과 조례, 정책 등을 통해 빠른 속도로 체제변혁을 이루어가고 있다.

대한민국 체제줄다리기, 누가 당기나?

심판석(구경)
지식인들(중립성의 함정),
종교인(정교분리 프레임)

문 정권

북한

중국

누가당기나?

각성
우익

대 중
(나는 몰라)

좌익

보수   중도   진보

대한민국세력(자유민주주의)   반대세

우익=자유민주주의   좌익=사회주의

민노총, 전교조 등
신문, 방송(언론노조)

2) 체제위기를 극복할 수 있는 것은 민간 대한민국세력 뿐이다

지금 대한민국 체제위기를 극복할 수 있는 것은 민간 대한민국
세력 뿐이다. 국정원, 경찰, 검찰은 물론 자유총연맹, 향군 등
도 움직일 수가 없다. 정권은 물론 사회의 주도권이 반체제세
력에게 넘어가 있기 때문이다. 각자 위치에서 자기가 할 수 있
는 능력을 가지고 자기가 살고 있는 마을과 직장과 사이버 공
간에서 일어나야 한다.

3) 국민깨우기 위한 단기적 전략

자유민주주의체제는 주권자인 국민들이 각성되어야만 정상적으로 작동되는 체제다. 주권자인 국민들과 유권자들이 자유민주주의를 이해하고 포퓰리즘에 흔들리지 않고 반체제세력, 반대한민국세력을 분별하고 단호히 배격해야 한다.

체제전쟁, 국가위기에 임하는 대한민국세력의 기본 자세

첫째, 아무도 대신해 줄 수 없다는 사실을 깨닫는 것이다. 미국도, 유엔도 대신해줄 수 없다. 오로지 대한민국 국민이 스스로 지키지 않으면 안 된다. 정당을 탓하고 남을 탓하고 손가락질하기에는 시간이 없다.

둘째, 유권자와 주권자인 국민을 깨우는 길 외에는 방법이 없다는 점을 아는 것이다. 주권자인 국민이 깨어나 여론을 형성하고 유권자들이 선거나 투표에서 분별력을 가져야만 체제 붕괴를 막을 수 있다.

셋째, 먼저 깨우친 자가 행동에 나서야 한다는 것이다. 불이 났을 때 먼저 본 사람이 잠자는 이웃을 향해 "불이야!"하고 소리치는 것이다.

체제전쟁에 나서는 민간전사들, 일사불란 행동방략

민간 대한민국세력은 체제위기를 당해 나서기는 했지만, 체계적인 훈련을 받지 않았기 때문에 오합지졸 모습을 보일 수밖에 없다. 이들 민간전사들이 일사불란하게 행동하려면 어떻게 해야할까?

첫째, 민간조직을 만들어야 한다. 2-3명의 작은 조직도 좋고 큰 조직도 좋다. 읍면동별 조직도 좋고 전국적 조직도 좋다.

둘째, 조직을 만든 후 훈련을 받아야 한다. 전사들이 일사불란하게 행동하려면 동일한 교범으로 학습하여 동일한 네비게이션을 장착해야 한다.

셋째, 학습을 했으면 주민깨우기운동에 나서야 한다. 주민들의 마음을 얻어야 하기 때문에 따뜻한 마음으로 다가가야 한다.

넷째, 전달하는 내용은 간단, 명료, 단순, 명쾌해야 한다.

4) 정치가 종교를 지배하는 상황에서 정교분리 프레임 탈피하기

대한민국 체제위기 상황에서 가장 강력한 세력은 기독교 조직이다. 한국교회는 6만 개 교회, 30만 명 목회자, 25만 명 장로, 1,000만 명 교인이라고 한다. 그런데도 국가위기 앞에서 무기력한 모습도 보인다. 이유는 정교분리 프레임 때문이다.

정교분리원칙이란 "교회는 정치와 분리되어야 한다"는 원칙이다. 미국에서 처음으로 수립된 이 원칙은 교회를 정치로부터 보호하기 위한 장치였다. 미국을 건국한 조상들은 종교의 자유를 찾아 영국에서 목숨을 걸고 대서양을 건너온 사람들이다. 이들은 교회, 신앙의 자유를 지키는 것이 목숨보다 더 귀했다. 미국수정헌법에 규정한 정교분리선언은 '정치가 교회를 간섭하지 말라'는 의미를 담고 있다. 결코 교회가 정치를 간섭하지 말라는 원칙이 아니다.

기독교인들은 순교의 상징 인물로 주기철 목사님과 손양원 목사님을 존경한다. 주기철 목사님은 조선총독부 즉 정치권력에 저항하다 순교했다. 예수님도 로마 정치권력에 의해 십자가에 못 박혔다. 2000년의 기독교 역사에서 수많은 순교자들은 대부분 정치권력에 의해 발생했다. 교회가 교회를 탄압하는 정치권력에 저항하는 것은 결코 정치행위가 아니고 신앙수호행위인 것이다. 이를 포기하는 것은 신앙의 자유를 포기하는 반종교적 행위이다.

5) 전체주의적 통제에 굴복하는 '중립성 함정' 탈피하기

대한민국의 체제위기, 국가위기가 심각한데도 지식인들이 잘 나서지 않는다. 중립성의 함정에 빠져 있기 때문이다. "우리는 지식인이다. 지식인은 중립적이어야 하고 편향되지 않아야 한다"는 인식이 강하다. 그래서 정치에서도 '보수-진보 어느 한 편에 서서 줄을 당기는 것은 지식인의 바람직한 태도가 아니다"는 반응을 보인다.

지금 대한민국은 자유민주주의체제를 수호하려는 팀과 자유민주주의를 허물고 인민민주주의→사회주의체제로 가려는 팀이 줄을 당기는 체제전쟁 중이다. 학문의 자유, 표현의 자유가 보장되어야 하는 지식인과 종교의 자유가 보장되어야 하는 목회자들은 어느 줄을 당겨야 하나? 학문과 신앙의 자유를 허용하는 체제와 학문과 신앙의 자유를 없애려는 체제 사이에서 중립을 지키는 것이 타당한가?

6) 대한민국 방어체계 다시 강화해야

범민련(조국통일범민족연합) 남측본부는 북한의 통일전선부가 직접 조종하고 있는 가장 대표적인 종북 성향의 단체로서, 대법원에서 이적단체로 판결(2002?2007년)을 받았음에도 여전히 왕성한 활동을 해왔다. 이적단체로 판결을 받았는데도 어떻게 활동할 수 있느냐? 대법원에서 이적단체로 판결을 받더라도 스스로 해산하지 않으면 이를 강제로 해산시킬 수 있는 법률조항이 없기 때문이다. 이는 국가보안법 등 체제수호의 제도적 장치가 취약하다는 점을 반증하는 사례이다.[82]

현재 국가보안법은 무력한 법이다. 국가보안법이 이렇게 된 것은 김영삼 정부 때부터였다. 국가보안법 조항에 "국가의 존립·안전이나 자유민주적 기본질서를 위태롭게 한다는 정을 알면서 …"라는 규정을 삽입한 때문이다. 피의자가 자유민주적 기본질서를 위태롭게 할 줄 알면서 종북 활동을 했다는 것을 수사기관이 입증해야 한다. 피의자가 자백하면 좋겠지만 그런 사람이 어디 있겠는가? 결국, 수사기관이 그 범죄를 입증하려면 북한당국에 물어봐야 할 지경이 된 것이다.

더욱이 김대중·노무현 정부는 공안기관의 인력을 대폭 감축하여 체제수호 기능을 현저히 약화시켰다. 보안경찰의 60%, 국정원 안보수사 인력의 46%, 기무사 방첩요원의 1/3, 검찰 공안부서의 1/3을 감축했다.[83] 특히 문재인 정권은 축소가 아니라 아예 국가안보기관의 기능을 사실상 정지시켰다. 특히 국가보안법 개정을 추진하고, 심지어 국가보안법 폐지법안까지 발의한 상태다. 문재인 대통령은 과거 자신의 자서전 "운명"에서 노무현 정권 시 국가보안법을 폐지하지 못한 것에 대해 가장 "뼈 아팠다"고 했다.[84]

---

82) 양동안 교수, 현대사상연구회 세미나 발표 자료.
83) 양동안, "국가안보수사기관의 현주소와 정상화방안", 「자유민주연구」(제3권 제2호), 2008.12, 자유민주연구학회, pp205-207.
84) 문재인, 「운명」(가교출판, 2017), pp328-329.

우리는 앞으로, 우익·우경정권이 들어선다면 국가안보관련법과 체제수호기관을 새로 재편을 해야 할 듯하다. 서독의 사례에서 많은 교훈을 얻을 수 있다.

제2차 세계대전 후 서독은 히틀러의 경험을 거울삼아 서독기본법(서독헌법)에 '방어적 민주주의' 개념을 도입하였고, 법률 곳곳에 체제방어장치들을 삽입하였다. 정보기관인 연방정보원과는 별도로 헌법보호청(헌법수호청)을 두고 반체제세력들을 감시하고 누가 반체제세력인지 샅샅이 국민들에게 알려주었다. 모든 공무원들에게 국가에 대한 충성의 의무를 부여하고 공직에 반체제세력이 들어오는 것을 철저히 막았다. 이러한 장치들로 인해 동독의 치열한 대서독 공작에도 불구하고 서독이 공산화되는 것을 막을 수 있었다.

우리나라는 체제방어장치와 법률이 매우 취약하다. 체제수호기관이 국정원 하나뿐이며, 체제수호법률도 국가보안법 하나뿐이다. 그것도 없애려고 노력 중이다. 헌법에도 자유민주주의를 방어하는 조항이 제8조 4항과 제37조 2항 2개뿐이다.[85]
이에 반해, 서독→독일기본법의 자유민주주의 방어 조항은 10개나 될뿐더러 그 방어 강도가 매우 강하다.[86]

---

85) 헌법 제8조 제4항에는 "정당의 목적이나 활동이 민주적 기본질서에 위배될 때에는 정부는 헌법재판소에 그 해산을 제소할 수 있고, 정당은 헌법재판소의 심판에 의하여 해

산된다."고 하여 반체제 활동시 해산심판을 할 수 있도록 하는 규정이 있다. 또한, 제37조 제2항에는 "국민의 자유와 권리는 국가안전보장, 질서유지 또는 공공복리를 위하여 필요한 경우에 한하여 법률로써 제한할 수 있으며, 그 제한하는 경우에도 권리의 본질적 내용을 침해할 수 없다."라고 하여 체제위반의 경우, 기본권을 제한할 수 있도록 한 것이다. 우리나라 헌법의 2개 조항도 방어조치가 매우 허술하고 약하다.

86) 서독기본법 제18조는 "의견발표의 자유, 특히 출판의 자유, 교수의 자유, 집회의 자유, 결사의 자유, 통신 비밀, 재산권, 또는 망명자 비호권을 자유민주적 기본질서를 공격하기 위해 남용하는 자는 이 기본권들을 상실한다."고 규정했다. 이는 반체제분자는 자유민주주의가 보장하는 기본권을 자유민주주의를 공격하는데 악용하거나 기본권을 내세워 법집행 당국으로부터 자신을 방어할 수 없도록 만들었다. – 양동안, "자유민주주의와 한국정치", 『자유민주주의란 무엇인가』(자유민주연구학회, 2011), pp11-13.

2030 반대한민국세력의 비밀이 드러나다

초판1쇄 인쇄	2022년 01월 20일
초판1쇄 발행	2022년 01월 28일

지은이	이희천
발행인	이희천
펴낸곳	도서출판 대추나무
디자인 디렉터	오종국 Design CREO

ADD	인천광역시 남동구 문화서로 3번길 14-7, 101호
전화	032-421-5128, 010-8799-1500
팩스	032-422-5128
등록	231-99-00699
ISBN	979-11-967545-0-1 (03340)

정가 16,000원

※ 잘못 만들어진 책은 구입처에서 교환 가능합니다.

현재 대한민국 앞에 나타나고 있는
정치, 경제, 사회 위기의
공통분모를 추출하면
70년간 유지되던 자유민주주의체제가
허물어지는 국가적 위기다.